Thomas Kinkele

Magische Pflanzenbilder

Thomas Kinkele

Magische Pflanzenbilder

Das Handbuch

WINDPFERD

1. Auflage 2013

Umschlaggestaltung: Marx Grafik & ArtWork
Coverabbildung: Thinkstock
Satz und Layout: Marx Grafik & ArtWork
Fotografie: Thomas Kinkele
Illustration „Elfentanz" auf den Seiten 10-11: Petra Arndt · www.petra-arndt.de
Lektorat: Silke Kleemann
Gesetzt aus der DINOT
Druck: Himmer AG, Augsburg

FSC www.fsc.org
MIX
Papier aus verantwortungsvollen Quellen
FSC® C095359

Printed in Germany
ISBN 978-3-86410-041-3
www.windpferd.de

Inhalt

Einführung

Mit diesem Bildkartenset möchte ich durch das Erscheinungsbild der Pflanzen und ihren Ausdruck im Laufe des Jahreskreises durch die vier Jahreszeiten gedankliche Impulse übermitteln. Bestenfalls können die Karten sogar Hilfestellung bei der Veränderung der eigenen Haltung zum Leben leisten. Voraussetzung dafür ist, dass Sie an einer Steigerung der Lebensfreude interessiert sind und wissen möchten, was ihren natürlichen Fluss einschränkt und seelische Schieflagen erzeugt. Dabei sollte man sich nicht als Opfer der Umstände sehen, sondern als Akteur, um in eigener Sache Lösungen zu finden. Die Energie folgt immer der Absicht und dem Anliegen, auf das man ausgerichtet ist. Auf der Informationsebene folgt die heilende Kraft der Kräuter dieser Ausrichtung. Deshalb ist es möglich, über den Bildeindruck in Resonanz zu einer heilsamen Kraft zu treten. Wenn Sie etwas von dieser Pflanze zum Räuchern dahaben, können Sie diese Erfahrung nach Bedarf auch noch weiter vertiefen.

Integrale Heilung

Zu Beginn möchte ich einige Gedanken zum Thema Heilung und dem konzeptuellen Hintergrund der Arbeit mit Pflanzenkräften voranschicken. Wenn wir einen Zustand des Heil-Seins daran festmachen, dass innere Harmonie herrscht, Gelassenheit im Annehmen von Schwierigkeiten möglich und eine offene, mitfühlende Haltung den unterschiedlichsten Perspektiven gegenüber vorhanden ist, dann kann uns die Kraft der Pflanzen auf unserem Weg zur Heil-Werdung eine wertvolle Unterstützung sein. In diesem Sinne eine Bildkarte aus dem Set zu ziehen oder einem inneren Impuls bei der Betrachtung der Bilder zu folgen, ist bereits eine schamanische Handlung und kann heilsame Antworten zutage fördern.

Der tiefere Sinn integralen Denkens liegt in der Ganzheitlichkeit – ein schamanisches Bewusstsein bezieht alle Ausformungen des Lebens mit ein. Stein, Pflanze und Tier sind nicht nur äußere Form, sondern auch Ausdruck einer feinstofflichen Kraft. Die Ebenen des Daseins sind ineinander verwoben und unser Bewusstsein kann theoretisch auf all diesen Ebenen navigieren. Zumeist sind wir im täglichen Leben linear auf einer Bewusstseinsebene unterwegs. Wir trennen die existenzielle von der essenziellen Realität und sind im Tagesbewusstsein vollkommen mit der Überlebensebene identifiziert. Oft reagieren wir automatisch mit Abwehr auf Eindrücke, die uns fördern würden, wenn wir es nur zuließen. Eine Erweiterung unserer Auffassung dessen, was wir sind, kann das Vertrauen schaffen, um eine grundlegend positive Energie hinter allem, was geschieht, zu erahnen. Integrales Denken bezieht alle Entwicklungsstufen des Bewusstseins mit ein und zielt darauf ab, uns selbst als Teil des Kosmos so umfassend wie möglich wahrzunehmen. Man kommt folglich auch nicht umhin, die Frage nach der göttlichen Quelle zu stellen.

An dieser Stelle möchte ich Sie zu einer kleinen Gedankenreise zum Ursprung des Seins anregen. Die Wissenschaft geht vom Urknall aus, der das Universum von Zeit und Raum, dem wir angehören, vor Urzeiten entstehen ließ. Seither dehnt es sich unentwegt aus.

Eine kosmozentrische Betrachtung setzt Gott mit dem Punkt gleich, der alles und nichts ist. „Gott wollte sich selbst erfahren und stülpte sein Inneres nach außen", so lautet eine spirituelle Metaphorik aus der Sufi-Lehre. Man kann diesen

Punkt als reine Potenzialität im Sinne möglicher Verwirklichung betrachten. Dies ist ein Gottesbegriff, der alles, was im Zuge dieser Ausdehnung in die Erscheinungswelt tritt, als Selbsterfahrungsplan des Göttlichen definiert.

Dieser göttliche Plan umfasst bekanntermaßen geistige Hierarchien wie Engel und Erzengel in den hohen kosmischen Regionen und auch wesenhafte Kräfte auf der planetarischen Ebene. Man nennt sie Elementar-, Landschafts- oder Naturgeister. Auch die Spirits der Steine, Pflanzen und Tiere gehören dazu. Es ist eine komplexe Welt, die für unsere Augen unsichtbar ist, wenn wir noch keine hellsichtigen Fähigkeiten entwickelt haben. Dass solche Kräfte grundsätzlich vom menschlichen Bewusstsein erfasst werden können, zieht sich wie ein roter Faden durch alle ethnischen Traditionen und religiösen Auffassungen.

Für mich stehen sie im göttlichen Dienst, weben und wirken bedingungslos als Helferkräfte in den Zyklen der Schöpfung und sind voll und ganz im göttlichen Plan integriert. In der Grafik des inneren Kreises kann ich dies durch die Speichen des Rades ausdrücken, die das göttliche Innere mit dem äußeren Umfang verbinden und dadurch Stabilität innerhalb der Schöpfung schaffen. Das göttliche Rad kann sozusagen optimal durch die manifestierte Schöpfung rollen.

Für die Naturwesen unseres Planeten bilden Sonne und Mond in ihrem Wechselspiel das grundlegende Schwingungsmuster. Tag und Nacht, Sommer und Winter, Licht und Dunkel stellen das Spielfeld zur Verfügung, auf dem sie ihre Aufgaben erfüllen können.

Ganz anders ist es mit der Menschenwelt. Wir sind ein Teil des Experiments, für das der liebe Gott auf Wagnis setzt, indem er uns den freien Willen gibt. Wir müssen nicht an ihn glauben und können uns ebenso gut selbst zum Nabel der Welt machen und unsere Zugehörigkeit zur Natur und dem Kreis des Lebens ignorieren. Dann sind wir jedoch möglicherweise weniger im Kontakt mit der göttlichen Mitte und verirren uns leichter in Zeit und Raum. Die Dimension von Zeit und Raum ist wie ein Spiegel, der uns das zeigt, was wir selbst erschaffen. Wir erfahren uns im äußeren Kreis. Hier ist Licht und Schat-

Der innere Kreis

ten der Stoff, aus dem unsere Erfahrungen gespeist werden. Sie bilden sich in der Spannung von existenziellem Überlebenskampf und essenziellem Licht. Wie oft ist doch auch die Konfrontation mit Unglück und Leid das Mittel, welches uns seelisch wachsen lässt!

Ist der Mensch in großer Not, dann schickt ihn das auf die Suche nach diesem Licht. Oft entstehen so die Erfahrungen, in deren Folge wir anders in die Welt schauen. Nicht umsonst erinnert die Grafik des äußeren Kreises an einen Augapfel.

Stellen wir uns vor, wir ermöglichten GOTT, seine Schöpfung durch unsere Augen zu betrachten – vielleicht werden wir uns dann etwas mehr der Verantwortung für unsere eigenen Gedanken, Gefühle und Taten bewusst. Die zentrale Qualität ist die Liebe und ihr Gegenspieler ist die Angst. Wo das eine ist, kann das andere nicht sein. Durch Gedanken, Gefühle und Taten bestimmen wir selbst, was wir erleben. Als Schöpfer

Der äußere Kreis

ist man voll und ganz dem Ergebnis der eigenen Schöpfung ausgeliefert. So ist der göttliche Plan. Das ist als Triebfeder der Evolution ebenso gerecht wie genial eingerichtet und wir haben somit allen Grund, unser Potenzial auszuschöpfen und im Licht der Liebe nach der bestmöglichen Verwirklichung unseres göttlichen (schöpferischen) Potenzials zu streben.

Eine weitere Assoziation entsteht, wenn man die Grafik mit dem Verschlussmechanismus einer Photokamera vergleicht. Die Öffnung im Zentrum bestimmt Schärfe und

Lichtempfindlichkeit und bildet somit die Voraussetzung für die Qualität der Darstellung. Aus dieser Symbolik heraus ist leichter zu verstehen, dass auch eine Kamera ein spirituelles Hilfsmittel sein kann, wie es für mich bei der Entstehung der magischen Pflanzenbilder dieses Sets der Fall gewesen ist.

Dreifaltigkeit

Das menschliche Bewusstsein wird aus drei Hirnregionen mit Wahrnehmungsimpulsen versorgt (Kleinhirn/Limbisches System/Großhirn), und ebenso kann es die dreidimensionale Welt durch die Intelligenz der Zellen, des Herzens und des Verstands zu einem runden Ganzen verbinden. Dazu ist der erste Schritt, sich der drei Wahrnehmungszentren bewusst zu werden, deren Ausgleich für die Stabilität des äußeren Kreises von großer Bedeutung ist.

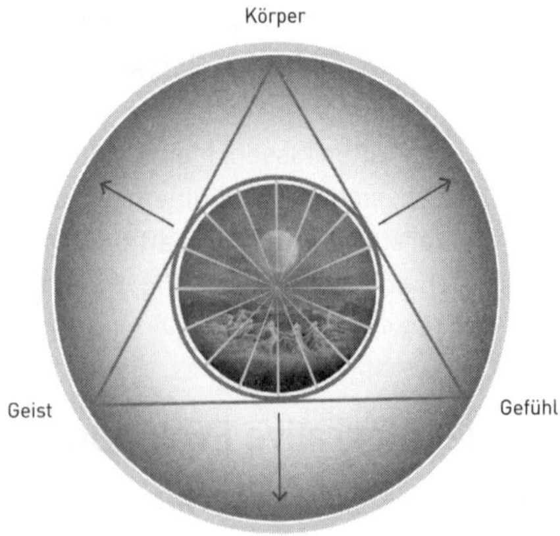

Schöpferisches Dreieck

· Der **Körper** vermittelt uns deutliche Signale, wenn wir bewusst in ihn hineinspüren. Ignorieren können wir ihn eine gewisse Zeit, aber irgendwann wird er sich möglicherweise auch schmerzhaft melden.

· Unsere **Gefühle** setzen impulsiv ein und sind schwerer zu kontrollieren. Für viele Menschen ist es gar nicht leicht, Gefühle von Gedanken zu unterscheiden.

· Der Verstand ist unser Kontrolleur. Er hat aber Schwierigkeiten, im Moment zu sein. Die **Gedanken** wandern schnell in die Zukunft oder in die Vergangenheit und dann vergessen wir regelrecht den Augenblick.

Oft herrscht in einem der Zentren viel mehr Aktivität als in den anderen und das führt zu Unausgewogenheit. Die Informationen der Bildkarten zielen auf eine ausgeglichene Wahrnehmung seiner selbst.

Sich in der Natur zu bewegen, hilft, die drei Zentren in ihrem Zusammenspiel zu aktivieren. Dort können wir die feinen Kräfte des „Inneren Kreises" am besten auf uns einwirken und sich in ihrer Magie entfalten lassen. Man bekommt Lust, etwas zu tun oder zu lassen, sich in etwas hineinzufühlen oder auch eine hinderliche Vorstellung zu entkräften. Die Naturkräfte bewirken Ausgleich und Harmonisierung, Ruhe kehrt ein und ein liebevoller Blick wird möglich.

Re-integrative Evolution

Menschen können die phänomenale Wirkung eines phantasievoll gestalteten Gartens oder besonderer Plätze in der Natur erleben, kommen dort in Berührung mit den wesenhaften Kräften und erleben kleine Wunder, die sich oft nicht weitervermitteln lassen, weil der Verstand streikt. Er befürchtet, ihm könne sonst die Zurechnungsfähigkeit abgesprochen werden, weil er keine logische Erklärung liefern kann. Meiner Erfahrung nach haben viele Menschen solcherart Wunder gefühlt und erlebt, und wir dürfen unseren Verstand immer mehr auf das Verständnis der inneren Zusammenhänge einstimmen. Seine Aufgabe ist es, einfach nur unmittelbar aufnehmen, ohne zu bewerten, denn das Gewahrsein für die magischen Zusammenhänge zwischen der elementaren, mineralischen, pflanzlichen, tierischen und menschlichen Welt wird immer mehr zunehmen. Ein beeindruckendes Erlebnis diesbezüglich hatte ich anlässlich der Sonnenwendfeier im Sommer 2012. In einem magischen Moment photographierte ich den Kreis um das Feuer, und hinterher zeigten sich sichtbar auf dem Bild die Feuergeister!

Ein wichtiger Aspekt des integralen Denkens der Zukunft ist, dass wir davon ausgehen dürfen, von diesen Kräften der Natur in vollem Umfang unterstützt zu werden und Heilung zu erfahren, wenn wir ihnen mit Liebe und Respekt begegnen und sie als Teil unseres eigenen Seins begreifen.

Ich selber übe das in meinem Zaubergarten. Er ist für mich wie eine kleine Bühne, die mir die Natur für ihr Schauspiel zur Verfügung stellt. Die Hauptdarsteller sind dabei die Pflanzen, aber auch mineralische und tierische Darsteller können bedeutungsvolle Rollen einnehmen. Diesen Garten habe ich über zwei Jahrzehnte angelegt und dabei gewissermaßen die Aufgabe eines Regisseurs übernommen, der Rollen besetzt und versucht, dem Drehbuch der Schöpfung gerecht zu werden.

Gehe ich in meinen Zaubergarten, fallen alle belastenden Gefühle und Gedanken von mir ab. Das Herz öffnende und den Geist nährende Bilder und Ideen steigen in mir auf. Es ist ein magischer Raum, in den ich eintrete und unmittelbar zu einem Verbündeten der aufbauenden Kräfte werde, die in ihm wirken. Zu jeder Jahreszeit sprechen diese Kräfte mich auf ureigene Weise an und übermitteln Botschaften, die regelrecht „ins Auge springen". Ich sehe dann Formen und Farben, die mein „normaler" Blick sonst nicht erfasst. Bewegungen des Windes, das Plätschern des Wassers, der Duft von Blüten, Blättern und Erde, gefiederte, pelzige, springende, sirrende, quakende, fliegende oder schwimmende Bewohner aus dem Tierreich tragen dazu bei, den Blick zu weiten, und schenken mir die Inspiration für die alles vereinende Wahrheit hinter dem Sichtbaren.

Ich sehe meine Aufgabe darin, vom Wirken dieser Wesenskräfte zu berichten und ihre Botschaften in die Welt zu tragen. Für die Elementarkräfte, Pflanzengeister, Genius loci, für das ganze Szenario der feinstofflichen Ebene ist meine Phantasie wie eine Spielwiese, die ich ihnen zur Verfügung stelle. Sie lassen dort das Bühnenbild entstehen und ich setze es dann in der konkreten Realität um. Als Regisseur bin ich ihr Verbündeter und sie stehen mir bei der Heilungsarbeit zur Seite. Immer mehr habe ich das schamanische Wesen dieser Arbeit erkennen dürfen. Besucher, die sich nach einem Räucherritual oder einer Pflanzenmeditation verwandelt und entlastet fühlen, bestätigen mir immer wieder die aktive Mitarbeit dieser Wesen. So sind die Pflanzen zu Repräsentanten einer Ganzheit geworden, die alle Aspekte des Schauspiels „Leben" umfasst und Hilfe leistet, wenn jemand seinen Platz nicht findet oder vom Weg abgekommen ist. Ich sehe sie als Werkzeug für die Seelenarbeit, die Lichtarbeit, die dahin führt, den großen Zusammenhang zu erkennen, und hilft, sich als ein Teil dieser Ganzheit zu erfahren.

Im Spiel mit den Geistern der Pflanzenwelt

Ich lade Sie ein, sich Zeit zu nehmen, wenn Sie diese Karten in den Händen halten. Ich habe mir diese Zeit immer genommen, wenn ich mit der Kamera nach draußen gegangen bin, um durch das Objektiv mit der Natur zu kommunizieren. Zu diesen Gelegenheiten schenkt sie mir ganz tiefe Einblicke, Informationen tauchen auf. Es ist eine spannende Ebene des Austauschs, die mir geheime Verbindungen offenbart.

Für mich ist es wichtig, die Stimmen der Pflanzen – unserer älteren Brüder und Schwestern – zu hören, die ja schon viel länger auf diesem Planeten wohnen als wir. Sie haben uns den Boden bereitet, auf dem wir wachsen dürfen, deshalb sollten wir sie als lebende Wesen respektieren und ehren. Ich lasse mich zumeist von den aromatischen Düften führen, der Geruchssinn ist mein Hauptkanal zur Welt der Pflanzen. Die Pflanzengeister fordern mich zunehmend auf, über die Bilderwelt einen Durchgang zu schaffen. Motive tauchen auf und sind in ihrem Ausdruck so intensiv, dass ich nicht anders kann, als auf den Auslöser zu drücken. Die Arbeit mit dem Objektiv lässt mich die andere Seite sehen und abbilden.

Ich möchte Ihnen nun vor der Beschreibung der einzelnen Karten noch erzählen, wie die Botschaften zustande kommen: Mein Teil der Arbeit mit den Naturwesen ist es, mein inneres Ohr ganz offen zu halten. Die Art und Weise, wie ich ihnen zuhöre, nenne ich „fokussierte Zuwendung". Die größte Freude an dieser Arbeit liegt für mich in der unmittelbaren Kommunikation, der Zwiesprache zwischen mir und dem Motiv zwischen Licht und Schatten. Sie entsteht bereits in dem Augenblick, in dem ich auf den Auslöser drücke. In diesem

Augenblick ist das Bild in seiner Gesamtheit für mich sichtbar und die Botschaft ist schon da, ohne dass ich sie im Detail beschreiben könnte. Sie ist einfach nur gegenwärtig, eher ein Gefühl als ein mentales Bild. Dieser gefühlte Ausdruck erscheint ganz unmittelbar und lässt sich in der Folge leicht in Worte fassen.

Auf diese Stichworte folgen komprimierte Sätze. Gedanklich steige ich dann in die Kulturgeschichte der Pflanze oder eines anderen Motivs ein und es bilden sich sofort Assoziationen. Dieses Ergebnis aus Bildeindruck und Geschichte wird zeitgleich zu einem Hologramm und lässt die Affirmation entstehen. All das mündet in einer Aussage über ein Ziel, das anzustreben sich lohnt. Immer wieder ist es eine zutiefst erfüllende Erfahrung für mich, wenn dann am Schluss das Motiv selbst zur Sprache kommen darf. Dabei werden sehr konstruktiv ausgerichtete Botschaften übermittelt und ich möchte Ihnen nahelegen, sich Zeit zu geben, den Wert dieser Botschaft für sich selbst aufzunehmen. Ich spüre ganz deutlich, wie dringlich es den wesenhaften Kräften ist, uns diese Botschaften zukommen zu lassen, die helfen können, sich in den großen Kreis zu integrieren. Ich möchte auch diejenigen von Ihnen ermutigen, die noch weitere Botschaften von diesen Bildern empfangen, Ihrer Kreativität freien Lauf zu lassen. Hier darf eine lebendige Begegnung hergestellt werden, bei der jeder Betrachter das Recht auf die eigene Wahrnehmung hat.

Verwendung der Karten

Die Karten aus diesem Set können Sie assoziativ und intuitiv einsetzen. Eine erste ganz einfache Möglichkeit ist, sie gut zu mischen, eine Karte aus dem Stapel zu ziehen und sich damit Unterstützung für den gegebenen Tag zu holen. Damit bringen Sie die Intelligenz Ihrer Zellen zum Einsatz, denn irgendwie „wissen“ unsere Finger, welche Karte sie greifen sollen, bevor unser Kopf die Entscheidung kommentieren kann.

Eine andere Möglichkeit ist, die Karten mit der Bildseite nach oben auszulegen, in neun Reihen à sechs Karten in der Reihenfolge des Kartenstapels, bis sie ein großes rechteckiges Ganzes ergeben. Lassen Sie anschließend den Blick über die bunte Fläche schweifen und finden Sie das Motiv, das in Ihnen in diesem Augenblick die stärkste Resonanz auslöst. Sie dürfen davon ausgehen, dass auf diese Weise über die intuitive Wahrnehmung der Kontakt zu einer wichtigen Information hergestellt wird. Bilder sprechen die Intelligenz des Herzens an. Sie lösen Gefühle aus und transportieren Informationen, deren Relevanz dem Verstand erst im zweiten Schritt zugänglich wird.

Die übermittelte Information soll nun auch in Worte übersetzt werden. Das ist die Aufgabe, die ich mir mit diesem Set gestellt habe. Die Auswirkungen dieser Information im persönlichen Fall, dürfen Sie, geneigter Leser, in der Folge selbst beobachten. Zur leichteren Deutung habe ich zunächst eine Struktur gewählt, die eine Zuordnung bietet, um das Ganze in Teile zu zerlegen. Das natürlichste aller Ordnungsprinzipien bietet die Natur selbst an – die vier Jahreszeiten machen den Zyklus eines Jahres in unseren Breitengraden so überaus abwechslungsreich. Mit meinen photographischen Streifzügen durch den Zaubergarten habe ich ganz bewusst jeweils die

Energie der Jahreszeit zu erfassen versucht, um sie in das Set einfließen zu lassen. So entstanden die vier Akte eines Schauspiels, deren Hauptfiguren in den zugeordneten Bildern zur Sprache kommen.

Gehalt der Botschaft

Natürlich sind Sie frei, mit den Botschaften zu spielen. Kein Naturwesen verschließt sich der herzerfreuenden, wahrhaftigen Begegnung im Spiel. So wie man dabei kämpft, ohne zu kämpfen, spielt man auch mit großer Ernsthaftigkeit. Das ist völlig in Ordnung.

Um die angebotenen Informationen gezielter nutzen zu können, empfiehlt sich, dass Sie sich im Voraus über Ihre Frage klar werden. Je genauer Ihre Frage auf die persönliche Befindlichkeit zielt, desto direkter werden Sie die Antwort aufnehmen können. Die Qualität der Frage bestimmt somit die Bedeutung der Antwort, die Sie erhalten.

Jede der Beschreibungen der 56 Pflanzenbilder folgt einem festgelegten Muster:

Als erste Information wird in die gefühlte Thematik und damit verbundene Herausforderungen eingeführt. Dies ist in der **Du-Ansprache** formuliert und richtet sich direkt an denjenigen, der die Pflanzenbilder befragt. Ich empfehle, die angesprochenen Kriterien ohne eine Bewertung wie gut, schlecht, falsch oder richtig zu betrachten und ausschließlich auf die Resonanz tief im Inneren zu lauschen. Die Frage, warum mich gerade diese Karte angesprochen hat, ist mit Sicherheit von Bedeutung, erschließt sich aber nicht unbedingt gleich im ersten Moment. Ein verzögert einsetzendes Verstehen ist durchaus Teil einer magischen Naturschau, die über Metaphern kommuniziert.

Als Anregung für den Umgang mit der Information folgen **Affirmationen,** die sich als hilfreiche Autosuggestion anbieten, um die in der Ansprache aufgeworfene Thematik konstruktiv zu bearbeiten. Sie sind in der **Ich-Form** ausgeführt und regen zu einer geistigen Ausrichtung an, die Lösungsmöglichkeiten zur Verfügung stellt.

Der dritte Block umschreibt das **Ziel,** das mit dieser Qualität angestrebt werden kann, und im vierten Absatz stellt zuletzt die von dem Motiv abgeleitete **Naturbotschaft** einen weiteren informativen Betrachtungswinkel zur Verfügung.

Jahreszeiten

Wenn Sie mit diesen Bildern arbeiten oder spielen und eine Bedeutung für sich selbst suchen, können Sie zunächst die Botschaft des Bildes im Kontext der Jahreszeit betrachten. Der Bezug zur Jahreszeit ist ein Assoziationsbereich, der für die Interpretation der Botschaft von Bedeutung ist. Der Augenblick in der Zeitphase des Jahreskreises, in der das Bild entstanden ist, prägt dessen Charakter. Es trägt in gewisser Weise die Signatur der Zeitqualität und bestimmt dadurch auch die Richtung seiner Botschaft.

Natürlich ist es auch möglich, nur mit dem Karten-Viertel der momentan in der Natur herrschenden Jahreszeit zu arbeiten, wenn ein Impuls aus der Zeitqualität heraus gefragt ist.

Frühling

So wie sich die Natur im Frühling zeigt, spiegelt sie die Qualitäten dieser Jahreszeit. Es ist der Aufbruch in einen neuen Zyklus materieller Manifestation. Die Sonne steigt Tag für Tag höher und die Lichtkräfte verdrängen die Dunkelheit. Die Pflanzen wachsen aus ihren Wurzeln wieder ans Tageslicht und die grüne Farbe bestimmt zunehmend das Bild. Die Hoffnung auf eine neue Runde der Fruchtbarkeit und Entfaltung des Lebens bricht sich mit atemberaubender Geschwindigkeit Bahn. Eine optimistisch anregende Stimmung prägt auch den Charakter der Informationen, die von den Bildmotiven aus dieser Jahreszeit ausgesendet werden. Feurige Signale treffen auf wässrige Zustände und erzeugen Wachstumsenergie. Der Mensch wird ermutigt, sich der evolutionären Impulsivität eines Neubeginns anzuvertrauen.

Sommer

Dies ist die Zeit des hohen Sonnenstandes, der über die Fruchtbildung entscheidet und die Weichen in Richtung einer Reifung stellt. Das Luftprinzip, Vater Himmel, wirkt jetzt stark als Kontaktorgan zwischen den Polen. Das Dasein ist ganz im Prozess der Zeugung beziehungsweise dem Anstoß materiellen Werdens gebunden. Die blaue Farbe vermittelt den großen Raum, der dafür zur Verfügung steht. Mutter Erde wird hochschwanger und ist darauf konzentriert, neues Leben hervorzubringen. Diese Phase der Niederkunft kann auch als symptomatisch für die Qualität der Naturbotschaften dieser Jahreszeit betrachtet werden. Es könnte durchaus interessante Aspekte eröffnen, die Information dieser Bildmotive aus dem Blickwinkel der schöpferischen Tat zu betrachten. Kreatives Handeln ist ein Geburtsrecht des Menschen. Da lohnt auch die Frage, was der Entfaltung des Potenzials im Weg steht.

Herbst

Jetzt geht es nur noch um den Reifeprozess. Wieder spielt der Ausgleich zwischen Feuer und Wasser eine wichtige Rolle. Ein ausgewogenes Maß ist gefragt. Zu viel Wasser lässt die Früchte faulen und zu viel Sonne kann die ganze Ernte verbrennen. Die Farbe dieser Jahreszeit ist goldbraun. Das Ergebnis der vorangegangenen Jahreszeit steht jetzt im Mittelpunkt und ist wegweisend für Glück oder Unglück in Gegenwart und Zukunft. Dies gilt für äußeren ebenso wie für inneren Reichtum, denn der Besitz als solcher ist vom weisen Umgang desjenigen abhängig, der ihn für sich geschaffen hat. Innerer Reichtum kann sich als Weisheit zeigen. Die Bildmotive können also durchaus auf dem Hintergrund gedeutet werden, wie man mit den Früchten des eigenen Lebens umgeht und welche Kriterien dabei möglicherweise von besonderer Bedeutung sind.

Winter

Nunmehr steht der Rückzug in das Innere der Erde im Vordergrund. Das Licht weicht vor der Dunkelheit. Die Farbe ist jetzt steingrau. Draußen wird es kalt und ungemütlich, aber die Erde bietet Schutz und Wärme. Der Zerfall der vergänglichen Biomasse ist zugleich Garant neuen Lebens. Es findet also ein großer Transformationsprozess im Inneren statt, wo das Alte aufgelöst, verwandelt und als Baustoff für das Neue vorbereitet wird. Im übertragenen Sinne ist dies die Lichtgeburt im Inneren. Eine Affinität zu den Bildmotiven dieser Jahreszeit können wir als einen Hinweis verstehen, der unsere Bereitschaft beleuchtet, diesen Prozess in uns selbst zu vollziehen. Er könnte uns wertvolle Impulse geben, das loszulassen, was nicht mehr gebraucht wird, um die Voraussetzung für neue Erfahrungen zu schaffen.

Impulsgeber – die Tore

Wenn Sie ratlos vor der Aussage der Bildkarte stehen und zusätzliche oder vertiefende Information suchen oder einfach nur neugierig auf weitere Inspirationen sind: Es gibt noch eine Möglichkeit, Impulse aus einem erweiterten Bezugsrahmen zu erhalten.

In diesem Kartenset wird dieser Rahmen von der magischen Zahl Neun zur Verfügung gestellt. Neun Bezugspunkte, dargestellt als Tore, stehen für den Fragensteller bereit. Durch sie können Sie weiteres Material in Bezug auf die Fragestellung an die Hand bekommen. Ob Sie das nutzen möchten, bleibt Ihnen selbst überlassen. Manch einer begnügt sich mit dem Gehalt der Botschaft, weil das schon mehr als genug Stoff zum Nachdenken liefert. Beim intuitiven Ziehen oder optischer Resonanz werden wir uns ja immer fragen: „Warum gerade diese Karte?"

Wenn Sie sich diese Frage noch nicht ganz klar beantworten können, mag eine kontemplative Betrachtung der Tor-Aussage helfen, den Schlüssel zu finden. Es lohnt sich, das Tor als eine Art Resonanzfeld genauer anzuschauen, denn es stellt der Botschaft zusätzliche Referenzpunkte anheim.

Für mich erfolgt der Zugang zu den Kräften der Pflanzenwelt durch neun Tore. *Drei mal drei ist Neune,* so heißt es ja schon im Hexeneinmaleins und weist damit auf den kosmischen Kreis hin, den diese Zahl enthält. Jedes der neun Tore repräsentiert einen Durchgang zum inneren Bereich dieses Kreises.

Wenn eines der nachfolgenden Tore thematisch eine starke Resonanz auslöst, dann könnte man auch eine der ihm zugeordneten Pflanzenkarten ziehen. In der Umkehrung wird auch die Resonanz auf ein bestimmtes Pflanzenbild die Thematik des ihm zugeordneten Tores besonders interessant machen.

Betrachten wir das Tor als Sinnbild, so vermittelt es auch Freiheit. Es bietet immer die Möglichkeit, eine Schwelle zu überschreiten und neue Räume zu betreten. Durch ein Tor geht man von innen nach außen oder kommt von draußen wieder nach Hause. Der freie Wille erlaubt dem Menschen, selbst zu entscheiden, ob er den Schritt über die Schwelle machen möchte. Allein die Möglichkeit betrachte ich als einen Aspekt der Gnade, weil es immer einen Ausweg gibt.

Die hier vorgestellten Tore stehen für neun verschiedene Perspektiven, die allgemein mit Blick auf das Leben eingenommen werden. Ihre Wurzeln gründen in der jahrzehntelangen Beschäftigung mit dem Enneagramm. Jedes Tor bildet ein in sich rundes Gesamtbild ab. Es spiegelt Licht- und Schattenseiten, Diesseits und Jenseits, aktive und passive Gegebenheiten. Wenn man diese Impulse bei der Verarbeitung der Botschaft hinzuziehen mag, dann können sie vielleicht wie ein Schlüssel fungieren. Manchmal erschließt sich dadurch der persönliche Zusammenhang für die Information der Pflanzenbilder etwas leichter.

Allen Toren gemeinsam ist eine evolutionäre Zielsetzung, nämlich zu erkennen, dass alles, was in Erscheinung tritt, der Liebe wert ist und zu seiner höchsten Vollendung strebt. Es geht also um die Verwirklichung von Werten, bei der uns die Botschaften der magischen Pflanzenbilder unterstützen sollen. Es sind Werte wie Liebe, Klarheit, Mitgefühl, Harmonie, Authentizität, Hingabe, Mut, Weisheit und Stärke, also Qualitäten, die der wahren Bestimmung des Menschen Rechnung tragen. Davon dürfen wir bei der Arbeit mit den Naturwesen hinter den Pflanzen ausgehen und uns getrost der inneren Führung durch ihre Botschaft anvertrauen.

Tor der Ideale

Dieses Tor ermöglicht einen Ausblick in die Zukunft. Es öffnet uns die Augen für das, was eine optimale Form ausmacht, und offenbart uns das Leben in seiner Vollkommenheit. Das Tor führt in den essenziellen Bereich, der uns lehrt, wie das Streben nach einem Zustand der Klarheit und Reinheit durch ausdauernde, kraftvolle Präsenz im Hier und Jetzt seinen Sinn erfüllt. Den Augenblick konsequent als das anzunehmen, was er im besten Sinne sein könnte, bringt die heilige Idee einer innewohnenden Vollkommenheit ins Spiel.

Nicht nur das, was vordergründig angenehm und schön ist, führt zu innerem Wachstum. Licht und Schatten schaffen Kontraste und lassen den Menschen die Grenzen zur Unendlichkeit erahnen. Damit kann jeder Augenblick für das respektiert werden, was er in Wahrheit ist: eine Spielwiese der Erfahrung. Folgt man diesem Hinweis aus ganzem Herzen, dann kann man alles so sein lassen, wie es ist, um darin den Zauber der Vollkommenheit zu erspüren und die Schönheit zu erkennen, die in der Eigenart des gegebenen Moments liegt. Mit seinem Schicksal zu hadern ist ebenso fruchtlos, wie in eine hektische Betriebsamkeit zu verfallen, die nur Ablenkung von den Gegebenheiten darstellt. Konsequent im Annehmen zu bleiben, wird einem früher oder später die Augen öffnen.

Schwarz-weiß-Zuordnungen und der Anspruch auf eine absolute Wahrheit nehmen aus der Ich-Perspektive schnell zwanghafte Züge an und führen in die Falle der Intoleranz. Letztlich ärgert man sich dann über das Unverständnis seiner Umwelt, denn der eigenen Überzeugung nach ist man doch ausschließlich auf die Verbesserung der Welt ausgerichtet und entsprechend ungehalten über die Blindheit der anderen. Es entsteht schnell Selbstgerechtigkeit und blockiert die eigene Entwicklung. Der klare Blick auf die Dinge ist das zentrale Thema dieses Tores.

Was gibt es an diesem Tor zu erkennen?

Bin ich zu streng mit mir und stelle zu hohe Ansprüche an meine Umgebung? Könnte es sein, dass ich zu pedantisch bin und versuche, dort Perfektion zu schaffen, wo sie nur noch starr und unbeugsam erscheint? Wie ist mein Verhältnis zu Demut? Wo stehe ich mir mit einem Dogma selbst im Wege? Brauche ich es immer wieder, die Welt in die Polarität von richtig und falsch zu ordnen?

Die Kräfte diese Tores sind:

Efeu	Aushalten – *Sich nicht unterdrücken lassen*
Walnussblüte	Entschlossenheit – *Die Frucht wird reifen*
Zwiebelblüte	Enthüllung – *Das Ziel anvisieren und Fülle wahrnehmen*
Lebensbaum	Forderung – *Auf die Probe gestellt*
Stechpalmenfrucht	Geduld – *Erlösung kommt zur rechten Zeit*
Trompetenflechte	Aufbruch – *Pioniere des Lebens*

Es geht um Reinigung, Klarheit und Unbeugsamkeit ebenso wie um Ausdauer und Flexibilität. Aber auch eine warmherzige Betrachtung der Dinge ist vonnöten. Der tiefe Sinn liegt darin, den Blick zu erweitern und zu erkennen, wo man steht und was es braucht, um auf geradem Weg zum Ziel zu gelangen.

Tor der Großzügigkeit

Dieses Tor fordert auf, das Dasein dem Willen Gottes zu überlassen. Sich im Vertrauen auf die tragende Hand der Schöpfung fallen zu lassen, schafft einen Raum, der Freiheit von allen Anforderungen verspricht. Der unendliche Raum des reinen Seins trägt bedingungslos jeden Menschen, der den Mut hat, sich fallen zu lassen. Er wird sich auf Wolken gebettet erfahren. Schönheit und Erhabenheit einer paradiesischen Atmosphäre prägen eine Erfahrung, für die nichts weiter getan werden muss, als sich hinzugeben. Es ist die Kraft der All-Einheit, mit der man fließt.

Das Paradies durch dieses Tor zu verlassen führt in die raue Wirklichkeit, in der es scheint, als könne man sich nur durch den Eigenwillen Wünsche erfüllen. Zuwendung muss man sich verdienen. Nur das eigene Tun kann etwas bewirken. Das Leben im Reich der Gegensätze macht es scheinbar notwendig, für die eine oder andere Seite Partei zu ergreifen, um sich gehalten zu fühlen. Durch Manipulation wird versucht, diesen Halt zu sichern. Leider geht dadurch die Freiheit verloren und man gerät in Abhängigkeit. Das Rosenbett, das man dem Anderen schafft, wird allzu oft zur Dornenfalle und statt nach Ambrosia, dem feinsten aller Düfte, riecht es nach Pech. „Das habe ich nicht verdient", wird man dann sagen und in der Opfer-Täter-Polarität auch weiterhin gefangen sein.

Sagt der Mensch hingegen den Satz „Dein Wille geschehe" in voller innerer Überzeugung, dann gelangt er in die Demut. Sie schenkt die Freiheit, alles so annehmen zu können, wie es ist. Demut ordnet den eigenen Willen dem höheren Willen unter. Natürlich ist es nicht nur angebracht, sondern sogar sehr wichtig, dass man Entscheidungen trifft. Eine wohlwollende Betrachtung dessen, wogegen man sich entscheidet, macht den Unterschied aus. Es schenkt dem Menschen die Freiheit, alles als erfahrenswert zu betrachten, und spiegelt die Großzügigkeit, mit der das Leben einem selbst begegnet. Statt eigene Vorlieben und Abneigungen ständig vor sich her zu tragen, wird die bedingungslose Annahme dessen was ist, wie es ist, einen uneingeschränkten Blick auf alles eröffnen. Sich voll und ganz dem hinzugeben, was sein will, führt in die wunderbare Erfahrung essenzieller Einheit.

Was darf man sich an diesem Tor fragen?

Fühle ich mich oft ausgenutzt oder wie ein Fußabtreter behandelt? Erlebe ich immer wieder, dass meine Hilfe als selbstverständlich von mir nahe stehenden Menschen genommen wird? Kommt es mir so vor, als ob meine Wünsche und Sehnsüchte gar nicht gesehen werden? Bin ich immer mal wieder ungehalten über die Unfähigkeit der anderen?

Die Kräfte dieses Tores sind:

Frauenmantel	Wandlungen – *Sich dem Zyklus hingeben*
Spitzwegerichblüte	Konzentration – *Bewegung aus der Ruhe*
Irissaatkapsel	Verheißung – *Erotik und Fruchtbarkeit*
Fenchelsaat	Lebenselixier – *Erwecke den inneren Heiler*
Kirschbaumknospen	Entscheidung – *Im Anderen leben*
Moose	Zeitzeuge – *Auf das Wesen der Dinge schauen*

Begriffe wie Hingabe, Zuwendung, Verbindung und das Nährende/Tragende/Heilende spielen bei allen diesen Botschaften eine wichtige Rolle.

Tor der Inspiration

An diesem Tor erfahren wir die Wahrhaftigkeit des Seins. Durch ein vollkommenes Vertrauen in das Prinzip der Werterfüllung wird die optimierende Schubkraft des Lebens in jedem Augenblick als real erlebt. Es muss nichts getan werden, weil ES tut. Sich in einer völlig zentrierten inneren Haltung mit der Hand des Göttlichen verschmolzen zu empfinden, mitfühlend und vergebend, ist höchste Kunst und Harmonie. Das innere Gesetz der Lebensentfaltung führt direkt dorthin. Der weiße Magier findet hier die Quelle seiner Kraft als Lichtbringer.

Mit dem Schritt über die Schwelle dieses Tores, hinaus in die Welt der Erscheinungen, verliert man sich nur allzu leicht in den Eindrücken und Verlockungen der körperlichen und sinnlichen Welt. Das eigene Handeln wird zum Maßstab aller Dinge, der persönliche Ausdruck kultiviert und hervorgehoben. Der Eindruck, den es im Außen zu hinterlassen gilt, diktiert alles. Nur um seiner selbst willen da sein zu dürfen ist unvorstellbar. Also verhält man sich wie der Hamster im Rad und rennt, was das Zeug hält. Man sollte aufhören, sich selbst etwas vorzumachen, und seine persönliche Wahrheit finden. Ehrlichkeit vor sich selbst ist unabdingbar für den, der im essenziellen Bereich vorankommen will.

Die Unmittelbarkeit des Seins lässt keine drängende Forderung an die Zukunft aufkommen. Es gibt nicht länger die Sorge, dass es so, wie es ist, nicht ausreichen könnte. In der totalen Annahme des Jetzt haben Zukunftsängste keinen Platz. Wenn das Wissen um das innere Gesetz der Lebensentfaltung fühlbar wird, ist das gleichbedeutend mit umfassender

Harmonie. Es erlaubt auch die Erfahrung wahrer Hoffnung, ganz unabhängig von Ursache und Wirkung.

Wie erkennt man sich selbst an diesem Tor?

Ist für mich ein Misserfolg extrem schwer zu akzeptieren? Beginne ich sofort alle möglichen Rechtfertigungen und Beschönigungen aufzufahren? Bin ich, wenn mir eine neue Fähigkeit oder interessante Information begegnen, geneigt, sie sofort in mein Arsenal zu integrieren? Ist mein Augenmerk sehr darauf ausgerichtet, ob meine Aktivitäten vom Umfeld gesehen und vor allem geschätzt werden? Ist es mir wichtig, meine Mitmenschen zu beeindrucken?

Hier sind die folgenden Kräfte hilfreich:

Lärchenblüte	Neuanfang – *Offenbarung der Chancen*
Rosenknospe	Hoffnung – *Das Ziel wird erreicht werden*
Kletterrose	Zauber – *Die magische Überfülle*
Eschensaat	Wegweiser – *Übermittler der guten Botschaft*
Herbstanemonensaat	Anker – *In Beziehung und Verbindung stehen*
Zunderschwamm	Lichtbringer – *Wissen und Erkenntnis verbreiten*
Tannenspitze	Neugierde – *Der hoffnungsvolle Lebensimpuls*

Die Themen sind immer auf eine Weltsicht ausgerichtet, die Vertrauen in den eigenen inneren Kern schafft und ein Handeln verbunden im Kreis des Lebens ermöglicht.

Tor der Kreativität

Dieses Tor steht für wahre Originalität, die wir darin finden, dass jedes Phänomen ein Ausdruck des Göttlichen ist. Jeder Ausdruck ist in seiner letzten Konsequenz reines Sein. Ist man in diesem Bewusst-Sein zuhause, dann befindet sich das eigene Handeln im Vollbesitz der schöpferischen Kraft, wann immer und wie immer es sich auch entfaltet. Der Umgang mit der Materie wird zu einem heiligen Akt, wie unwesentlich das Drumherum auch erscheinen mag.

Die Frage, ob man sich mit der essenziellen Energie verbunden fühlt oder nicht, macht einen Unterschied für denjenigen, der durch dieses Tor in die raue Wirklichkeit tritt. Manchmal scheint der Kontakt vorhanden zu sein und im nächsten Augenblick wieder nicht. Man vergisst, dass das Sein immer und in jedem Augenblick als Quelle dient, egal wie bedeutend oder unbedeutend die Umstände erscheinen mögen.

Einer niederigen Ich-Bezogenheit ist man ausgeliefert, wenn nur das Ungewöhnliche als wertvoll empfunden wird. Dann ist die Wahrnehmung so ausgerichtet, als wäre eigenes Sein ohne authentische Inszenierung wertlos. Tief im Inneren fühlt man sich nicht als Teil dieser Welt, so als wäre man auf einem falschen Planeten ausgesetzt worden. Sich mit Einzigartigkeit zu identifizieren, verleiht dem kleinen Ich einen Schein von Originalität.

Die All-Einheit wird nicht mehr gefühlt. Der Schmerz des Abgetrenntseins ruft einen starken Kontrolleur auf den Plan, der immer und überall mit Adleraugen die Gegebenheiten auf ihre Verbundenheit überprüft. Statt die Qualität des Seins in sich selbst zu fühlen, wird der kritische Blick auf die äußerliche Erscheinung der Umgebung gerichtet, um zu messen, ob andere es besser können. Der Schritt über die Schwelle dieses Tores führt zurück in die Verbindung mit dem Ursprung allen Seins.

Wie erkennt man sich selbst an diesem Tor?

Bin ich stets darauf bedacht, so natürlich wie möglich zu erscheinen? Öden mich plakative oder banale Verhaltensweisen an? Ist melancholische Stimmung für mich heimatliches Gelände und meine Gefühlswelt von starkem Auf und Ab geprägt? Fühle ich mich von anderen Menschen in den seltensten Fällen wirklich verstanden? Drängt in mir ein künstlerisches Potenzial nach seinem Ausdruck und erscheint mir das als die einzig mögliche Form, echte Tiefe zu erfahren?

Hilfreiche Kräfte an diesem Tor sind:

Angelikaknospe	Grenzwertigkeit – *Das Maß ist voll*
Mohnknospe	Überraschung – *Das Geheimnis des Werdens*
Mohnblüte	Scheitelpunkt – *Hochzeit des Lichts*
Muskatellersalbeiblüte	Trance – *Der entrückte Blick*
Baumpilze	Zersetzung – *Helfer des Übergangs*
Rohrkolben	Geschlechtlichkeit – *Verbindung von Himmel und Erde*

Allen diesen Kräften ist zu eigen, dass sie beim Überschreiten von Grenzen behilflich sind und somit den verloren geglaubten Teil seiner selbst wieder finden lassen.

Tor der Erkenntnis

Hier wirken die lichten Kräfte, um die Sonnenbotschaft der hohen Sphären zu überbringen. Es geht um die Quintessenz des Seins, von der alle Materie durchdrungen ist. Hier erfahren wir die alles durchdringende Transparenz der Erscheinungen. Wir konzentrieren uns auf die atomaren Strukturen und blicken direkt in das Universum. Die Dinge in dieser Klarheit zu erkennen, verschafft einen Durchblick, der mit Allwissenheit im Sinne von Erleuchtung umschrieben werden darf. Eine solche Transparenz resultiert aus unbegrenzter Wahrnehmung.

Aus diesen lichten Höhen in die Welt der dunklen Schatten zu fallen, löst einen Abwehrreflex aus, der jede rationale Information akribisch aufgreift und analysiert, zuordnet und kategorisiert, um ein persönliches Wissen sicherzustellen, das möglichst jeder Anforderung gewachsen ist. Den mentalen Überblick zu behalten, hat dabei höchste Priorität. Tiefbrettbohrer sind es, die hier auf Nummer sicher gehen wollen und nur das akzeptieren, was belegt, überprüft und nachweisbar relevant ist.

Der Gefühlswelt wird nicht leicht vertraut. Also geht man auf Distanz zu den Dingen und beobachtet lieber, als dass man gesehen wird. Man zieht sich von der Welt zurück und sammelt stattdessen Informationen. Allwissenheit wird auf diese Weise vom abgetrennten Ich interpretiert. Information soll essenzielle Erfahrung ersetzen und die Angst vor der Auflösung des Daseins entkräften. Unqualifizierte Aussagen erscheinen unakzeptabel, also wird Qualifikation angestrebt. Das ist wie eine Flucht in mentale Überlegenheit. Die Trennung vom All-Einen erfolgt also auf der Ebene des Wissens.

Der Weg zurück führt über die Erfahrung der Leere. So wie zwischen Proton und Elektronen hauptsächlich leerer Raum ist, finden wir auch im Universum unendlichen Raum. Diesen Raum als Ausdruck des Einen zu erkennen, schließt das eigene Sein mit ein. Das führt wieder in die Verbundenheit. Man teilt die Welt mit allem, was ist. Wer sich selbst verschenkt, wird essenzielles Licht erfahren.

Wie erkennt man sich selbst an diesem Tor?

Ziehe ich es grundsätzlich vor, mich statt geselligem Zusammensein auf die eigenen Interessen zu konzentrieren? Ist mir überschwänglicher Gefühlsausdruck zuwider? Lasse ich mich ungern von Menschen, die mir nicht sehr nahe stehen, umarmen? Prüfe ich genau, mit wem ich wie viel Zeit verbringe? Nervt es mich, wenn Menschen viele Worte um etwas machen, ohne Substanzielles zu sagen?

Dies sind unterstützende Kräfte an diesem Tor:

Immergrün	Wendezeit – *Aus der Dunkelheit zum Licht*
Alantknospe	Tiefgang – *Die Sonnenkraft mitnehmen*
Lavendelblüte	Lichthunger – *Über sich selbst hinauswachsen*
Weihrauchzeder	Brückenschlag – *Zwischen Himmel und Erde*
Mistelfrucht	Schwellenbewusstsein – *Das Tor zur anderen Wirklichkeit*
Ysop	Ordnung – *Transparenz als höchstes Gebot*

Wie der Weg zu beschreiten ist, ohne sich von Widerständen irritieren zu lassen, weil das innere Wissen wie ein Lichtstrahl den Pfad ausleuchtet und Unabhängigkeit vermittelt, zeigen diese Kräfte.

Tor der Zuversicht

Dieses Tor zeigt den Weg auf, der durch die Materie führt und uns in jedem Falle am Ziel ankommen lässt. Es ist die Qualität des Glaubens, der zu Wissen wird, was die essenzielle innere Verbindung allen Lebens betrifft. Begrenzende Vorstellungen resultieren aus Glaubenssätzen, die Vertrauen in das Leben ausschließen. Die eigene visionäre Kraft im Sinne einer konstruktiven Lösung zu erkennen und einzusetzen, räumt alle Hindernisse aus dem Weg und erlaubt es, den Herausforderungen mutig entgegenzusehen.

Auf der Schattenseite dieses Tores lebt es sich sehr spannungsreich im Widerstreit der Kräfte, bedroht von einer Welt der unkontrollierbaren Geschehnisse, denen man zum Opfer fallen könnte. Dementsprechend zielt der Abwehrreflex darauf ab, die drohenden Gefahren im Vorwege zu erkennen, um alle geeigneten Gegenmaßnahmen rechtzeitig treffen zu können. Die Sicherheit steht im Mittelpunkt des Denkens und eine Projektion dessen, was passieren könnte, erscheint als das beste Mittel, um die Risiken in den Griff zu bekommen. Zweifel an den Dingen, wie sie sich darstellen, führen in einen Zustand permanenten Hinterfragens.

Einerseits muss Stellung bezogen werden und andererseits wird jede Position zu einer potenziellen Falle. Um diesem inneren Zustand zu begegnen, werden klare Strukturen im Außen gesucht, an denen man sich orientieren kann. Hier versucht das *Ich* dann den Mangel an essenziellem Vertrauen dadurch zu kompensieren, dass es klare Hierarchien sucht. Der bohrende Zweifel bleibt aber bestehen und die Autorität wird immer wieder in Frage gestellt. Die Erlösung liegt darin, zu erfahren, dass in jeder wie auch immer gearteten Problematik ein tiefer Sinn liegt, der sich erschließt, wenn man sich dem Prozess hingibt. Heiliger Glaube setzt Vertrauen in die optimierende Schubkraft des Lebens voraus. Aus dieser Quelle darf der Visionär trinken, der hier zuhause ist.

Wie erkennt man sich selbst an diesem Tor?

Gehe ich mit einer inneren Angespanntheit in neue Situationen und fühle ich mich immer etwas unter Strom? Suche ich stets den Rat eines offenbar „Wissenden", stelle ihn aber auch schnell in Frage? Tendiere ich dazu, das Haar in der Suppe zu finden, werde leicht von Ahnungen heimgesucht und spiele mögliche negative Szenarien geistig durch (Projektion)? Ist familiäre Loyalität mir sehr wichtig?

Die Helfer dieses Tores sind:

Junger Tannenzapfen	Initiation – *Die ganze Wahrheit erkennen*
Melissenblüte	Zuwendung – *Eine hilfreiche Hand ausstrecken*
Johanniskrautblüten	Ermutigung – *Energie zum Fließen bringen*
Zaubernuss	Energiereserven – *Die eigenen Kapazitäten nutzen*
Tannenzapfen	Bestimmung – *Den großen Zusammenhang erfahren*
Froschlöffelwurzel	Führung – *Von der Wiege bis zum Grabe*

Allen gemeinsam ist die Ausrichtung auf das, was Mut macht, das Vertrauen in die eigenen Fähigkeiten stärkt und damit die persönliche Entscheidungskraft aufbaut.

Tor des Lernens

An diesem Tor geht es um die Frage, wie man am besten in der Gegenwart ankommt. Wenn der Weg das Ziel ist, erfährt man die Wahrheit nur im Jetzt. Es entspricht dem großen kosmischen Plan, jeden Augenblick im wahren Sein Erfüllung erfahren zu dürfen. Jede Handlung im existenziellen Feld gewinnt dadurch eine besondere Qualität. Die Fülle der Möglichkeiten kommt im Inneren dieses Tores zum Ausdruck. Es signalisiert der erlebnishungrigen Seele, dass in jedem Augenblick das volle Potenzial verfügbar ist.

Das Tor des Lernens stellt sich weltoffen dar. Der Schatten liegt in dem Reflex, alles anzunehmen, was angenehm erscheint, und alle unangenehmen Wahrheiten auszublenden. Wie eine Art Scheuklappen-Optimismus, der zur Oberflächlichkeit verleitet. Warum in der Dunkelheit suchen, wenn woanders die Sonne scheint? Der Weg führt uns aber nun mal durch die Erfahrung von Polarität. Um die Erfahrung vollständig zu machen, müssen wir lernen, beide Seiten in uns anzunehmen, die dunkle und die helle. Wenn die rastlose Suche nach Attraktivitäten die ganze Aufmerksamkeit bestimmt, wird das Ziel nie erreicht. Was bleibt, ist der Drang nach Abwechslung und Neuem.

Diesem Gefühl von innerer Unruhe und Handlungsdrang kann man entkommen, wenn der kosmische Plan als höchste Idee angenommen wird. Planerische Vorausdenken lässt keine tiefgreifende Erfahrung zu. Jedem Augenblick kommt eine Bedeutung zu, die es mit der ganzen Bandbreite der Wahrnehmungsmöglichkeiten zu entschlüsseln gilt, um am Ende zur Weisheit zu gelangen. Realität wird dann auf mehreren

Ebenen erfahren und es entsteht Ruhe, wenn jede Situation, wie immer sie auch sein mag, als Teil einer Dynamik erkannt wird, die alles zur Verfügung stellt, was im gegebenen Moment gebraucht wird.

Wie erkennt man sich an diesem Tor?

Werde ich das Gefühl nicht los, ständig etwas zu verpassen? Habe ich so viele Eisen im Feuer, dass die Zeit nie ausreicht, die geplanten Termine unter einen Hut zu bekommen? Erscheint mir jede neue Erfahrung im Vorwege so reizvoll, dass ich sie nicht auslassen kann? Vertrete ich die Ansicht, die Dinge müssen leicht und locker zu haben sein?

Die Botschaften der diesem Tor zugeordneten Kräfte sind:

Schlehdorn	Weisheit – *Das luftige Wesen entdecken*
Haselnusstrieb	Schutzkraft – *Am rechten Ort zur rechten Zeit*
Gierschblüte	Narrenfreiheit – *Neue Blickwinkel erkunden*
Bilsenkraut	Wahnsinn – *Dem Pan in die Augen schauen*
Zaubernussblüte	Motivation – *Der tiefere Sinn wird offenbart*
Alantknospe	Haltung – *Den inneren Tempel öffnen*

Von all diesen Kräften wird zu einer flexiblen, freieren Denk-, Sicht- und Handlungsweise im Umgang mit den Möglichkeiten angeregt.

Tor der Kraft

Hier steht man vor der Aufgabe, nachhaltig mit den Ressourcen umzugehen. An diesem Tor steht das ganze Potenzial zur Verfügung und will im Sinne des Ganzen genutzt sein. Das ist wie der Gang auf Messers Schneide zwischen Macht und Demut. Absolute Wahrheit ist an diesem Punkt das Maß aller Dinge. Das bedeutet, die All-Einheit muss hier in vollem Umfang erfasst und gelebt werden.

Verfällt man in das Gegenteil, ist das gleichbedeutend mit dem Absturz in die Polarität. Jegliches Bestreben, Verluste der Vergangenheit zu kompensieren, steht der Erfüllung der Aufgabe an diesem Tor diametral entgegen. Die Ressourcen werden dann im Kampf um Vorherrschaft vergeudet und Lebenskraft verpufft, ohne Wesentliches zu bewirken. Das Äußere dieses Tores spiegelt das Ringen mit den elementaren Kräften um Bestand und Erhalt im Dasein, Widerstand ist also das vorherrschende Thema. Im Inneren hingegen finden wir die zarte und feine Essenz, zu deren Schutz der mächtige Dolmen errichtet wurde. Zu beschützen, verteidigen und wehrhaft aufzutreten, ist die vordergründige Haltung, die diesem Tor entspricht. Damit einher geht das Bestreben, eine eindeutige und unmissverständliche Form zu finden, bei der jegliches Zaudern, Aussitzen oder Vernebeln zurückgewiesen werden. Die Niederlage nach einem ehrlichen Gefecht hingegen wird respektiert. Alles, was zu Täuschung oder Verrat tendiert, wird schonungslos verurteilt und verfolgt.

Auf der Schattenseite landet man in der Spannung der Gegensätze. Die Schuldfrage steht dann im Raum und man versucht, den „Sünder" im Außen zu finden und zu bestrafen, um die Einheit wiederherzustellen. Die Lösung liegt darin, sich selbst im Außen gespiegelt zu finden, um dem inneren Konflikt von Schuld und Sühne zu entkommen und die heilige Idee der All-Einheit bewusst werden zu lassen. Der ständige, aufreibende Kampf gegen die Windmühlen der Dualität kann dann enden und die eigene Kraft voll und ganz im Sinne des Lebens eingesetzt werden.

Wie erkennt man sich selbst an diesem Tor?

Nehme ich jede Herausforderung zur Auseinandersetzung freudig an? Finde ich, Konflikte sind dazu da, sie auszutragen? Bin ich stets bereit, eine Führungsrolle zu übernehmen, und habe keine Probleme zu sagen, wo es lang geht? Schramme ich aber immer ein wenig an der Grenze der Leistungsfähigkeit entlang und riskiere damit auch einen Burn-out?

Die Botschaften der Kräfte dieses Tores sind:

Weinspross	Flügelschlag – *Neue Impulse kommen*
Löwenzahnblüte	Kraftquelle – *Die ganze Wahrheit erkennen*
Sonnenhutblüte	Abschirmung – *Stärke und Schönheit vereint*
Wasserminze	Durchsetzungskraft – *Seinen Raum einnehmen*
Ginkgoblatt	Gleichgewicht – *Der Weg auf Messers Schneide*
Eisminze	Durchhaltevermögen – *Reserven sind auf Abruf verfügbar*

Die instinktiven Quellen für die innere Wahrnehmung, der Umgang mit den eigenen Ressourcen und das Wissen um den wahren Weg sind das verbindende Element in diesen Botschaften.

Tor der Werte

Dieses Tor steht für Anfang und Ende eines Lebenszyklus. Alles, was in die Welt der Erscheinungen eintritt, verlässt sie auch wieder und in diesem Tor wird der Lauf der Dinge umfasst. In gewisser Weise schließt dieses Tor auch alle anderen acht in sich ein. Wie der Name schon sagt, geht es um die Werte, nach denen das Leben strebt und für deren Verwirklichung es sich entfaltet. Der größte Wert und somit eine Schlüsselposition, wenn es um den Sinn des Ganzen geht, liegt in der heiligen Idee dieses Tores, der Liebe. Jede Form der Manifestation geschieht deshalb, weil sie der Liebe wert ist.

Schauen wir das Tor von außen an, so sehen wir die Zeichen der Zeit. Das Geschehen wird im alten Mauerwerk sichtbar und für den Betrachter festgehalten. Diese Fixierung macht einerseits den Charme des Tores aus, andererseits spiegelt sie auch eine Trägheit, die sich Wandel und Veränderung entgegenstemmt. Auch das Unbedeutende wird konserviert und lässt wenig Raum für das Neue. So zeigen sich die vielen möglichen Formen im Inneren nur nebulös und schemenhaft.

Der Schattenaspekt manifestiert sich, wenn es an Selbstliebe mangelt. Das Ich versucht diesen Mangel abzupuffern, indem nichts besonders wichtig genommen wird. Die Gleichwertigkeit aller Dinge lässt die Quelle der Begeisterungsfähigkeit versiegen und Entscheidungen für oder gegen etwas sind dementsprechend schwer zu treffen. Das muss zwangsläufig in einen Mangel an Lebensfreude münden. Diesem Teufelskreis kann man entkommen, wenn man sich selbst wichtig nimmt, liebevoll auf sich schaut und respektvoll mit den eigenen Fähigkeiten umgeht. Dann wird die Welt bunter, die Konturen des eigenen Daseins werden schärfer und die Perspektiven klarer.

Wie erkennt man sich selbst an diesem Tor?

Gehe ich Konflikten gerne aus dem Weg und ziehe es vor, bei meinen Gewohnheiten zu bleiben? Erscheint mir der Satz: „Nichts wird so heiß gegessen, wie es gekocht wird" stimmig? Habe ich oft das deprimierende Gefühl von Langeweile und Sinnlosigkeit? Wozu mich aufraffen, etwas zu tun oder eine Entscheidung zu treffen, wenn es sowieso keinen Unterschied macht? Sehe ich mich selber und meine Möglichkeiten mit wenig Begeisterung?

Die Botschafter dieses Tores sind:

Weidenspross	Verbindung – *Neue Räume schaffen*
Vergissmeinnicht	Selbsterinnerung – *Den Schöpfer in sich selbst finden*
Kalmus	Urthema – *Dinge ins Reine bringen*
Schwertlilie	Wiedergeburt – *Die Kreise schließen sich*
Alter Holunderstamm	Grenzgebiet – *Der Spalt zwischen den Welten*
Holunderbeeren	Gravitation – *Die Frucht will Saat werden*
Schwarzpappel	Endlichkeit – *Die Auflösung vor der Neugeburt*

Allen gemeinsam ist der Bezug zu Sein und Nichtsein in dem Sinne, sich treiben zu lassen und dennoch mit einem klaren „Ja" zu sich selbst zu stehen. Die Angst vor der Spannung wird genommen. Man darf loslassen, um zu sich selbst zu kommen.

Die Bildkarten

Mohnknospe – *Papaver orientale*

Überraschung

Das Geheimnis des Werdens

Dir steht ein größerer Aufbruch bevor. Noch ist dir alles verborgen, aber schon bald wird sich deine geballte Kraft in ihrer ganzen Dramatik entfalten. Weder du noch dein Umfeld ahnen etwas davon, weil alles sanft und ruhig erscheint. Bereite dich vor, damit du vom Geschehen nicht überwältigt wirst, sondern es als den ultimativen Ausdruck des schöpferischen Vulkans in dir erleben kannst.

Affirmation:
Der innere Rhythmus des Lebens gibt mir die Richtung vor. Frei von Leid und in traumwandlerischer Sicherheit finde ich meinen Weg.

Ziel:
Spannung soll abgebaut werden und Gleichmut den Weg bereiten. So lässt sich die Qualität hinter eruptiven Geschehnissen schneller erspüren. Der kühlende Einfluss der Mondkräfte gleicht die Hitze der Sonnenenergie aus.

Naturbotschaft:
Der Mohn ist ein Symbol für Tag und Nacht, feurige Offenbarung und hypnotische Versenkung zugleich. Seine ganze Erscheinung ist polarisierend. Als Lehrerpflanze erinnert er uns an die Grenzen in der materiellen Erscheinungswelt.

Angelikaknospe – *Angelica archangelica*

Grenzwertigkeit

Das Maß ist voll

Die gegebene Situation ist für dich am Limit. Du kannst dein Potenzial nicht mehr unter Kontrolle halten. Es will sich mit Macht entfalten, um auf schnellstem Wege zur Vollendung zu gelangen. Die Zeit ist mehr als reif für eine neue Phase der Entwicklung. Wenn du weiter notwendige Entscheidungen zurückstellst, wird es dich möglicherweise zerreißen und ohne deinen Willen zur Entfaltung gelangen.

Affirmation:
Auch im Ungewissen bin ich mir der Verantwortung für mich selbst und mein Handeln bewusst. Ich lausche der Stimme meines Herzens und genieße Schutz bei meiner Entfaltung.

Ziel:
Der Glaube an das eigene Sein versetzt Berge und lässt alle Selbstzweifel schwinden. Große Stärke und innere Verbundenheit dürfen sich einstellen. Das ist die beste Voraussetzung für eigenverantwortliches Handeln.

Naturbotschaft:
Die Engelwurzstaude ist eine imposante Pflanze, die in kürzester Zeit mächtige Blütenschirme in den Himmel treibt. Ihre außergewöhnlichen Heilkräfte können bei Schwächezuständen Wunder wirken und einen Schutzschild gegen Angriffe aller Art aufbauen.

3

Schlehdorn – *Prunus spinosa*

Weisheit

Das luftige Wesen entdecken

Hier geht es um das Maß zwischen Bewegung und Ruhe. Wenn dich Aktionismus umtreibt, nimmst du weder dich selbst noch deine Mitmenschen im Herzen wahr. Du läufst vor dir selbst und deiner persönlichen Wahrheit davon. Prüfe, wie viel von deiner an den Tag gelegten Leichtigkeit nur die andere Seite der Schwere ist, und besinne dich auf deinen Wesenskern.

Affirmation:
Flexibel und frei bringe ich mich gerne zum Wohl des Ganzen ein. Die Kraft meiner inneren Führung macht mich ruhig und zielstrebig.

Ziel:
Die Leichtigkeit des Seins rückt in den Mittelpunkt der Wahrnehmung und jeder Augenblick wird als wertvoll empfunden. Die Seele darf sich in die Lüfte schwingen und die Freiheit eines bewussten Lebens genießen.

Naturbotschaft:
Die Schlehenblüten vibrieren regelrecht vor Energie. Ihre Staubgefäße schießen förmlich in den Raum. Das Bienenwesen spiegelt sich in diesem Erscheinungsbild. Der stachelige gestrüppartige Wuchs des Schlehdorns zeichnet ihn als Schutz- und Trutzpflanze aus. Er verschafft den Vögeln einen sicheren Raum zum Brüten.

Löwenzahnblüte – *Taraxacum officinale* 4

Kraftquelle

Die ganze Wahrheit erkennen

Es gibt Kräfte, die Ordnung in das Chaos bringen können. Sie haben einen explosiven Charakter.

Wenn sie auf dich einwirken, dann liegen Leid und Chance nebeneinander vor dir und du hast die Wahl, dich auf das eine oder andere auszurichten. So wie die Sonne dich verbrennt, wenn du unachtsam bist, kann ihr wärmendes Licht dich auch nähren und heilen. Finde heraus, was für dich wichtig ist, und gehe achtsam mit deiner Energiequelle um.

Affirmation:
Es ist verschwendete Energie, sich über Nichtigkeiten aufzuregen. Ich entscheide selbst, wohin ich meine Kräfte lenke.

Ziel:
In der Schönheit der Gegensätze erstrahlt die Fülle, die aus der Vereinigung resultiert. Aus der Erkenntnis, dass alles EINS ist, können ungeahnte Energien freigesetzt werden, die vorher im Kampf gebunden waren.

Naturbotschaft:
Der Löwenzahn steht im Spannungsfeld der weiblichen und männlichen Energie. So wie das solare Gelb der heißen Sonne in der Blüte explodiert, steht ihm das im Inneren verborgene lunare Weiß im Saft des Stängels entgegen.

5

Weidenspross – *Salix alba*

Verbindung

Neue Räume erschaffen

Die Zeit des Aufbruchs ist gekommen und das Abenteuer des Lebens zieht dich aus dem Sumpf altgewohnter Trauer. Anstelle dessen entsteht der Nährboden des Neuen. Das ist ein kraftvoller Gegensatz und du wirst vom Reiz der Polarität mitgerissen. Verletzbarkeit wandelt sich in Stärke, die mit der Hingabe an den Entfaltungsprozess hervorbricht.

Affirmation:
Mein Blick richtet sich auf das Ganze, dem ich aus ganzem Herzen dienen will. Ich bin mit der Situation verbunden und finde meinen Frieden.

Ziel:
Es gilt, die Integration in ein größeres Ganzes bewusst zu erfahren. Man merkt, dass die Entscheidung, dem Ganzen zu dienen, ungeahnte Kräfte freisetzt. Dem anderen zu dienen heißt, gleichermaßen etwas für sich selber zu tun. Die Energie des Ganzen steht dem Individuum im Dasein zur Verfügung, wenn es fest in die Gemeinschaft eingebunden ist.

Naturbotschaft:
Die Weide steht für Biegsamkeit und damit für die Flexibilität, sich jeder Situation bei der Entfaltung des Lebens anpassen und auch unter widrigen Umständen dem Leben eine neue Richtung verleihen zu können. Eine liebevolle Hand kann mit der Weide problemlos neue Räume erschaffen.

Walnussblüten – *Juglans regia*

6

Entschlossenheit

Die Frucht wird reifen

Wenn du zwischen Himmel und Erde schwebst und es dir so vorkommt, als wärst du ein Spielball der äußeren Einflüsse, dann wird es Zeit, das Steuer selbst in die Hand zu nehmen. Das eigene Potenzial will genutzt werden und dazu bedarf es klarer Entscheidungen. Zunächst gilt es, das Ziel anzuvisieren, und zieh dann alle Kräfte zusammen, um dich in die gewünschte Richtung zu bewegen.

Affirmation:
Ich stehe zu meinen Entscheidungen und folge meiner Vision. Mit jedem Stück Weg gewinne ich Kraft und mein Blick wird klarer.

Ziel:
Mit dem Ergebnis vor Augen wird jede Phase des Wegs zu einem Akt der Erfüllung. Die innere Führung ist deutlich wahrnehmbar. Hindernisse und Schwierigkeiten lösen sich von ganz alleine auf.

Naturbotschaft:
Der Walnussbaum ist ein Symbol der Fruchtbarkeit. Er schützt und nährt den Menschen, verlangt aber auch Achtsamkeit im Umgang mit den Gegebenheiten. Er repräsentiert eine starke Medizin und besitzt eine Strenge, die durchaus auch Unverträglichkeit kennt.

7

Rosenknospe – *Rosa gallica*

Hoffnung

Das Ziel wird erreicht werden

Manchmal scheint der Ausgang einer Unternehmung unklar zu sein. Du bist unsicher, ob alles so richtig ist, wie es ist. Wenn du dich fragst, ob du alles getan hast, was dir möglich war, und an dir selber zweifelst, dann ist es wichtig, dass du dir deiner Zugehörigkeit zu einem größeren Ganzen bewusst wirst. Weißt du, welche Auswirkungen dein Handeln auf Ebenen hat, die dir gar nicht bewusst sind?

Affirmation:
Ich darf auf gutes Gelingen vertrauen, denn meine Absicht beruht auf Liebe. Was ich voll Freude angehe, wird Früchte tragen.

Ziel:
Mit dem freien Willen erfüllen wir eine Aufgabe im kosmischen Plan. Die Frucht ist bereits in der Knospe enthalten und jede Phase des Werdens folgt dem inneren Gesetz der Entfaltung wie in einer kosmischen Symphonie.

Naturbotschaft:
Die Rose unterstützt seelische Harmonisierung. Sie bringt Lösung, wenn etwas ins Stocken gekommen ist. Öffnung und liebevoller Kontakt zu sich selbst und allen anderen wird möglich. So verspricht die Rosenknospe Venus im süßem Duft der Blüten, und Mars in ihren Dornen gewährt den nötigen Schutz bei der Entfaltung.

Immergrün – *Vinca minor* *8*

Wendezeit

Aus der Dunkelheit zum Licht

Den Ballast alter Verwicklungen kannst du nicht länger unter der Oberfläche halten, er drängt mit Macht in die sichtbare Welt. Jetzt ist es angezeigt, alle in dir schlummernden Kräfte zu aktivieren, um das Alte zu transformieren. Ein neuer Tag der Ewigkeit ist angebrochen und will genutzt werden. Dies ist der Augenblick, dir deiner Erfahrungsreise durch die Zeit bewusst zu werden und die neue Chance zur Vervollständigung des Gesamtbildes als Gnade zu erleben.

Affirmation:
Unbeirrt gehe ich meinen Weg ins Licht und nutze den Tag. Mir steht es frei, kraft meiner Gedanken auf die Gegebenheiten einzuwirken.

Ziel:
Die Sicherheit, das karmische Konto immer wieder ausgleichen zu können, wird deutlich. Diffuser Schmerz im Untergrund löst sich auf und ein freier Raum liegt vor den staunenden Augen.

Naturbotschaft:
Das Immergrün ist eine Wundheilpflanze, die Heilung für seelische Verletzungen im Hier und Jetzt möglich macht. Wenn die Lichtkräfte neue Lebenskraft im Herzen entstehen lassen, wird mit dem Erscheinen der Blüten eine konkrete Perspektive sichtbar.

9

Blütenstände (ð und ♂) der Lärche – *Larix decidua*

Neuanfang

Offenbarung der Chancen

Du zweifelst an deinen Möglichkeiten und hältst dich für ungeeignet, um den Erwartungen des Lebens gerecht zu werden. Aber du irrst! Es steht dir offen, dem verzagten Denken zu entkommen. Du kannst entscheiden, neuen Möglichkeiten Raum zu geben, indem du deinen Blick auf die positiven Aspekte der gegebenen Situation richtest.

Affirmation:
Ich sehe die Schönheit dessen, was vor mir liegt. Der Weg zu Harmonie und Berührung heißt mich willkommen. Ich entfalte meine Flügel.

Ziel:
Mit dieser geistigen Ausrichtung legt man seiner Seele einen balsamischen Schutzmantel um und darf auf ein gutes Gelingen hoffen. Kein schwächender Einfluss kann die Entfaltung des eigenen Potenzials behindern, wenn man konsequent so denkt und empfindet.

Naturbotschaft:
Die Lärche ist der Baum der Waldfee und beschenkt uns mit anmutiger Leichtigkeit. Sie zeigt dem Menschen die Qualität der Beweglichkeit und Aufgeschlossenheit als Quelle der Inspiration. Wir erfahren, wie erste Schritte zu neuer Lebensenergie im rechten Augenblick leichtfüßig möglich sind.

Weinspross – *Vitis vinifera*

Flügelschlag

Neue Impulse kommen

Die Stimme der Intuition meldet sich in deinem Herzen. Es ist ein zarter Hauch, der dennoch kraftvoll in die Entfaltung geht. Die Wahrheit darf in dir erwachen und dich ins Vertrauen geleiten. Das Kindliche wird von der alten Weisheit betreut. Du fühlst neue Kräfte in dir wachsen. Jetzt wird dein Handeln von Herzblut durchströmt und der Weg führt in die Fülle.

Affirmation:
Innere Bilder sind mir willkommen. Ich spüre meine Verbindung mit der geistigen Welt – die Engel winken. Ich bin!

Ziel:
Der eigenen Wahrnehmung wird mehr Akzeptanz geschenkt. Mit größerer Selbstverständlichkeit kann jetzt der Weg gegangen werden, der sich auf der Landkarte des Herzens bereits deutlich abzeichnet.

Naturbotschaft:
Die Weinrebe erwacht auf besonders eindrückliche Weise zum Leben. Hinter der Triebspitze mit ihrer aufbrechenden Blattknospe ist ein starker Wille zu erkennen. Die Kraft der späteren Frucht ist bereits in der Eindeutigkeit dieser bestimmenden Gebärde enthalten und strahlt doch eine so mitreißende Leichtigkeit aus.

Junger Tannenzapfe – *Abies koreana*

Initiation

Die ganze Wahrheit erkennen

Es steht eine Einführung in eine neue und erweiterte Sicht auf dein Leben an. Du darfst Zusammenhänge erkennen, die vorher für dich nicht sichtbar waren. Ein tiefes Durchatmen richtet den Rücken auf und lässt neue Kraft fließen, mit der du dich in die Lüfte schwingen kannst, um ganz neue Perspektiven zu gewinnen. Erfahre dies als wertvolle Offenbarung, die dir Ruhe und Überblick verschafft.

Affirmation:
Ich verabschiede mich von Ablenkungen und Schwächendem. Ich blicke auf das Wesentliche und richte mich darauf aus.

Ziel:
Unter dem erhabenen Eindruck dieser Erfahrung ist es möglich, Mut und Kraft zu sammeln. Neue Zuversicht für Selbstbestimmung kann im Herzen einziehen und treibt allen Zweifel am Gelingen des Angestrebten aus.

Naturbotschaft:
Die Tanne steht für eine gesammelte Grundhaltung. Sie ist ein Lichtbaum, der den Menschen mahnt, tapfer zu sein und der inneren Stimme zu vertrauen. Mit ihrer immergrünen Gestalt ist sie geradewegs auf den Himmel ausgerichtet, wächst langsam und beständig zum Licht. In ihrem jungen Zapfen scheint ein Vogelschwarm in geordneter Formation zur Mitte zu fliegen.

Vergissmeinnicht – *Myosotis sylvatica* 12

Selbsterinnerung

Den Schöpfer in sich selbst finden

Du schaust in die Welt und meinst, dass etwas Wesentliches fehlt. Als würde dir etwas vorenthalten, oder als fühltest du dich nicht interessant genug, es zu bekommen. In jedem Falle findest du dich mit dem Mangel ab und dein Selbstwertgefühl ist gering. Mit dieser Haltung förderst du nicht die Entfaltung deines Potenzials, obwohl in dir etwas strahlt und gefunden werden will.

Affirmation:
Im Mittelpunkt der Welt stehe ich und fühle meine Strahlkraft. Es kommt auf mich an, in meinem Umfeld bin ich unverzichtbar.

Ziel:
Menschen sind auf dieser Welt, um an ihr teilzuhaben. Sich seiner selbst zu erinnern, stärkt die Bindung an den schöpferischen Entfaltungswillen. Er wird von der Liebe gelenkt und eröffnet dem motivierten Menschen, sich selbst zu lieben.

Naturbotschaft:
Weil der Schöpfer sich nach Erschaffung der Welt einfach nicht merken konnte, wie dieses Pflänzchen hieß, soll er ihm seinen neuen Namen Vergissmeinnicht gegeben haben. Diese kleine blaue Zauberblume wird auch Augenstern genannt und erinnert den Menschen daran, ins Firmament zu schauen und sich selbst als Teil davon zu erkennen.

13

Frauenmantel – *Alchemilla vulgaris*

Wandlungen

Sich dem Zyklus hingeben

Etwas ist ins Stocken geraten und du weißt nicht genau, wo die Ursache dafür liegt. Der Rhythmus bei der Entfaltung des Werdens ist gestört. Noch nicht verheilte seelische Verletzungen, die ins Unterbewusstsein verdrängt wurden, könnten dies bewirken. Um sie zu heilen, musst du sie sehen und in den Fluss der Dinge integrieren. So können sie in neue Energie umgewandelt werden.

Affirmation:
Mit allen Sinnen auf Empfang richte ich mich bewusst auf die Schönheit um mich herum aus. Ich lasse mich vom Leben tragen und folge meiner Bestimmung.

Ziel:
Innere Harmonie stellt sich ein, während man im Rhythmus des sich entwickelnden Prozesses schwingt. Es geschieht, was geschehen soll, und man bekommt das, was gebraucht wird.

Naturbotschaft:
Das Blatt des Frauenmantels ist geöffnet wie ein empfangendes Gefäß. Es repräsentiert ein in sich selbst ruhendes, bewahrendes und dem Leben zugewandtes Wesen. Die innere Frau als gebärfähiges Potenzial steht für die schöpferische Kraft im Menschen, die durch das Licht befruchtet wird und im alchemistischen Prozess des Werdens zur vollen Entfaltung kommt.

Rotblättrige Haselnuss – *Corylus avellana purpurea*

14

Schutzkraft

Am rechten Ort zur rechten Zeit

Der vor dir liegende Weg erscheint dir sehr mühsam. Du suchst nach Lösungen, weil die Herausforderungen dich zu überwältigen drohen. Ganz besonders die Unwägbarkeiten machen dir zu schaffen und plötzlich auftretende Überforderung erscheint dir fast schon unausweichlich. In diesem Moment ist Vertrauen auf den natürlichen Lauf der Dinge und die innere Weisheit des Lebens gefragt.

Affirmation:
Ich nehme die Umstände, wie sie sind. In mir wohnt ein weiser alter Geist, der um den rechten Zeitpunkt weiß. Jede Reise beginnt mit dem ersten Schritt.

Ziel:
Das innere Wissen soll wahrgenommen und die Augen der Liebe auf sich selbst gerichtet werden. Plötzlich wird der Blick frei und die Wahrheit sichtbar. Die Gegensätze vereinen sich.

Naturbotschaft:
Die Haselnuss verbindet in sich Merkur und Venus und spiegelt damit die Botschaft der Sinnlichkeit. Es ist eine zutiefst magische Pflanze, die sich auf den Fluss der Energie einschwingt, Prozesse schützend begleitet und zur Vereinigung führen kann.

15

Wildrosenblüten – *Rosa arvensis*

Zauber

Die magische Überfülle

Du solltest deinen Selbstwert nicht zu sehr von der Reaktion deiner Mitmenschen abhängig machen. Du richtest deine Fähigkeiten gegen dich selbst, wenn du im Feuer der Eitelkeiten brennst. Dein Arsenal an wirkungsstarken Auftritten im Außen ist groß, pass aber auf, dass du dich selber nicht im Eifer des Gefechts veräußerst. Sonst bist du letzten Endes der Magier, der zum Zauberlehrling wird.

Affirmation:
In Ruhe und Entspannung öffne ich mich für den Segen. Demütig empfange ich die sinnliche Süße und genieße die geschenkte Harmonie.

Ziel:
Eine durchgängig reine und wohlwollende Haltung schafft den Raum für ein spannungsfreies Zuhause bei sich selbst. Sie erzeugt ein inneres Gleichgewicht, das liebevollen Kontakt möglich macht.

Naturbotschaft:
Die Rose verschenkt sich übermäßig und verzaubert das Herz mit ihrem süßen Duft. Ihre Dornen zeugen aber auch von Wehrhaftigkeit. Als harmonisierende Kraft zwischen den Polen löst sie auf einer tiefen Ebene alle Konflikte und schafft eine Verbindung zur essenziellen Quelle.

Kalmus – *Acorus calamus* 16

Urthema

Dinge ins Reine bringen

Im Kontext dieser Bildkarte stellt sich die Frage, welches alte Thema noch aufgelöst werden will. Wo ist die Drachenenergie als das treibende Element der schöpferischen Lust noch gebunden? Deine innere Frau kann nicht gebären, wenn dein innerer Mann sie nicht befruchtet. Möglicherweise ist noch das Gift der Trennung im System und behindert deinen Entwicklungsprozess auf der Gefühlsebene. Der Blick zurück hält dich in der Bewegungslosigkeit gefangen.

Affirmation:
Ich gebe den Weg frei und überlasse mich ganz dem Lauf der Dinge. Mein Blick ist auf die Wirklichkeit hinter den Erscheinungen gerichtet.

Ziel:
Sich aufzurichten und in eine liebevolle Wahrnehmung seiner selbst zu gelangen, ermöglicht einen entspannten, harmonischen Zustand des Seins.

Naturbotschaft:
Der Kalmus gehört zu den ältesten Pflanzen unserer Erde und ist eng mit dem Geburtselement Wasser verbunden. Er hilft als reinigende Kraft in den Prozessen, wo es um den Erhalt des Lebens geht, und schützt als magische Kraft auch gegen destruktive energetische Einflüsse.

17

Sonnenhutblüte – *Echinacea purpurea*

Abschirmung

Stärke und Schönheit vereint

Du darfst dir anschauen, worauf dein Fokus gerichtet ist. Wer unentwegt im Brennpunkt des eigenen Minderwertigkeitsgefühls gefangen ist, neigt dazu, seine energetischen Reserven zu schnell zu verbrauchen. Hier ist Abschirmung gegen sich selbst nötig. Verstärkte Achtsamkeit im Umgang mit dem eigenen Handeln könnte angesagt sein, falls du zu sehr „stark" erscheinen willst.

Affirmation:
Ich wandle auf dem Grad zwischen Macht und Demut. Ich kämpfe kampflos, der Schönheit jeder Bewegung gewahr.

Ziel:
Die Mitte und das innere Gleichgewicht von Sonne und Mond will gefunden werden. So ist man in der Lage, die heiße Ausstrahlung zu mildern und den Schritt in die Liebe zu tun. In der Balance ist man geschützt und alles wird so erfahren, wie es ist: einfach wunderbar!

Naturbotschaft:
Der Sonnenhut ist ohne Frage ein Grenzgänger, der vor der Übertretung ebendieser Grenzen schützt. Er wirkt als Heilpflanze gegen Hitze im Blut und unterstützt den Aufbau weißer Blutkörperchen. Somit hat er sich der Regulation verschrieben und bewahrt vor dem Raubbau an eigenen Kräften.

Alantknospe – *Inula helenium* 18

Tiefgang

Die Sonnenkraft mitnehmen

Wenn du dich auf das versteifst, was du weißt, und nur dessen Bedeutsamkeit als persönlichen Leitfaden zulässt, schränkst du deine Wahrnehmung ein. Nutzt du die Sonne nicht im rechten Sinne, läufst du Gefahr zu vertrocknen, ohne vorher geblüht zu haben. Es reicht nicht, die Tiefen der Zusammenhänge nur mit dem Verstand ausloten zu wollen. Frag dein Herz, was es braucht, um die Sonne im Zenit zu haben und ihren schöpferischen Impuls bis in die Wurzeln zu leiten.

Affirmation:
Die Information darf durch mich fließen, ich speichere ihre Essenz im Herzen. Ich halte an nichts fest, denn nichts ist nur so, wie es scheint.

Ziel:
Ein entspannter Zustand, der nicht durch destruktive Assoziationen oder Gefühle der Ablehnung belastet wird. Man betritt einen Schutzraum, in dem alles so sein darf, wie es ist.

Naturbotschaft:
Diese mächtige Jupiterpflanze, der Alant, trägt in seinem botanischen Namen die Leere. Inula leitet sich aus dem griechischen Wort für „ausleeren, reinigen" ab. Sie hilft, das Licht in die eigenen Wurzeln zu tragen. Fülle stellt sich ein, wenn man sich selbst ganz leer macht.

19 

Gierschblüte – *Aegopodium podagraria*

Narrenfreiheit

Neue Blickwinkel erkunden

Wenn du diese Karte gewählt hast, solltest du dich fragen, warum du so oft nicht von der Stelle kommst. Offensichtlich stehen dir deine Vorstellungen, dass dies aus einer Vielzahl von Gründen nicht möglich sei, im Weg. So ist es für dich wichtig, das Augenmerk nicht auf die Hindernisse zu richten, sondern darauf, was dich weiterbringt. Schau über den Tellerrand hinaus.

Affirmation:
Offen für die vielen Möglichkeiten trete ich dem Leben entgegen. Ganz bewusst nehme ich das Undenkbare an, auch wenn es mir verrückt erscheint.

Ziel:
Der kosmische Witz wird verstanden. Vielseitigkeit lässt einen vitalen Schub entstehen und das Leben kann Fahrt aufnehmen.

Naturbotschaft:
Der Giersch ist ein Energiespender der besonderen Art. Er wirkt gegen alles, was die Bewegungsfreiheit schmerzhaft einschränkt. Auf der körperlichen Ebene schenkt er Flexibilität und auf geistiger Ebene ermuntert er den Menschen, beherzt voranzugehen.

Mohnblüte – *Papaver orientale* 20

Scheitelpunkt

Hochzeit des Lichts

Der höchste Punkt des Lichts ist wie ein Sieg über die Dunkelheit. Wenn du dies zu deinem Dogma machst, wirst du Angst bekommen, sobald es dunkel wird. Hältst du am Höhepunkt als alleiniges Ziel fest, dann wirst du jedes Mal unglücklich sein, wenn das Wasser sich mit der Ebbe zurückzieht. Nimm den Augenblick des Wandels an und vertraue dich dem inneren Rhythmus der Gezeiten an.

Affirmation:
Freude und Trauer sind mir gleichermaßen willkommen. Ich sage Ja zur Veränderung und glaube an das Gute, selbst wenn es im Gewand des Gegenteils erscheint.

Ziel:
Gleichmut und Gelassenheit stellen sich ein. Jetzt, mit der Erfahrung höchster Höhen, ist der Moment zur Hingabe an alles, was ist, gekommen.

Naturbotschaft:
Der Mohn und seine Wirkkräfte wurden von der Kirche zu einem Werkzeug Satans erklärt. Die mit der Farbe des Feuers ausgestattete Blüte und der kühle Milchsaft des Mondes im Inneren lehren uns jedoch das Wesen der Polarität. Die Heilkräfte von Morpheus und Hypnos schenken uns die helle Kraft des Lichts, wenn wir in schmerzvoller Dunkelheit zu versinken drohen.

21

Spitzwegerichblüte – *Plantago lanceolata*

Konzentration

Bewegung aus der Ruhe

Wenn du dich überfordert fühlst und mit kopfloser Verbissenheit im Kampf versinkst, kannst du kaum etwas ändern. Du drehst dich im Kreis. Dabei wird wertvolle Energie verschleudert, denn du verbrennst deinen Treibstoff und kommst nicht voran. Jetzt ist es wichtig, erst einmal in die Ruhe zu kommen. Suche deine Mitte auf und richte dich dort ein. Von diesem Punkt aus kannst du die Bewegung steuern.

Affirmation:
Ich verausgabe mich nicht länger und schaffe und pflege meine eigene stabile Basis. Ich genüge mir selbst und muss mich nicht exponieren.

Ziel:
Entspannter Atem, ausdauernde Haltung und ein kontinuierliches Tun prägen jetzt das Bild, das der „König der Wege“ uns vorgibt. Die Verfeuerung der Substanz ist auf ein gesundes Maß reduziert, eine konstante Bewegung wird möglich.

Naturbotschaft:
Der Spitzwegerich ist eine durchsetzungsstarke, aber ganz unauffällige Heilpflanze. Sie ist ein Begleiter des Menschen auf seinen Wegen, heftet sich an seine Sohlen und vermehrt sich mit seinen Schritten. Sie schützt ihn im Gegenzug vor Überhitzung und Verschleimung.

22

Zwiebelblüte – *Allium rosenbachianum*

Enthüllung

Das Ziel anvisieren und Fülle wahrnehmen

Du erlaubst dir nicht, dein Potenzial zu entfalten, und traust dir zu wenig zu. Es ist an der Zeit, eine Zielvorstellung zu formulieren, um zu wissen, wo die Reise hingeht. Nähere dich dem Bild deiner Vollkommenheit – führe dir dafür die höchste Form deines Daseins vor Augen. Erkenne die Kraft an, die in dir bereitsteht und auf ihre Nutzung wartet. Die Frucht ist im Kern in dir angelegt und will sich manifestieren.

Affirmation:
Mein Blick wandert von der Vergangenheit in die Zukunft. Ich schenke dem, was werden will, meine volle Unterstützung.

Ziel:
Das Vertrauen in den evolutionären Impuls darf ganz im Vordergrund stehen. Das, was begrenzend und zurückhaltend wirkt, kann abfallen und einer wohlwollenden Handlungsbereitschaft weichen.

Naturbotschaft:
Die Zwiebel ist Anregung schlechthin. Sie wirkt antiseptisch, reinigt das Blut und stärkt den Kreislauf. Sie treibt das Wasser in die Augen und dient als Orakel für die zu erwartende Regenhäufigkeit im Jahresverlauf. Die sieben Häute der Zwiebel schützen den Keim und bereiten ihn für die Entfaltung neuen Lebens vor.

23

Melissenblüte – *Melissa officinalis*

Zuwendung

Eine hilfreiche Hand ausstrecken

Schau genau hin, inwieweit du deine schützenden und bewahrenden Fähigkeiten nutzt, ob du für dich selbst und andere ein Nest pflegst, das Wohlgefühl vermittelt. Dies erfordert eine sehr sensible Wahrnehmung. Vielleicht merkst du gar nicht, was tatsächlich geschieht, und bist der Situation weniger zuträglich, als du annimmst. Du erkennst das daran, dass du mehr Anspannung erzeugst als löst.

Affirmation:
Getragen vom Leben bin ich mir meines Beitrags bewusst. Ich erkenne mich als Teil des Ganzen und blicke vertrauensvoll in die Zukunft.

Ziel:
Hier geht es um Freiheit. Ohne Wahrheit kann man sie nicht erleben, und die erfährt man im Herzen. Wir zielen also auf die Heilung des Herzen.

Naturbotschaft:
Die Melisse ist die Meisterin des Ausgleichs und der Harmonisierung. Sie hat ein feines und dennoch zähes Wesen und vermittelt Hingabe. Dem, der loslässt, kann sich dieses Wesen zeigen. Loslassen erlaubt Beständigkeit in einer dem Leben zugewandten Haltung. Es ist die Vertrauensgrundlage für alles.

Johanniskrautblüte – *Hypericum perforatum* 24

Ermutigung

Energie zum Fließen bringen

Fühlst du dich verwundbar und es ist dir wichtig zu wissen, wie du destruktiven Einflüssen Paroli bieten kannst? Dies geschieht von ganz allein, wenn du dich vom hellen Licht aus den hohen Sphären durchstrahlen lässt. Es erhellt den inneren Tempel deines Herzens, die Heimat deiner Seele. Richte die Aufmerksamkeit dorthin. Kein dunkler Gedanke, kein böser Wunsch und kein Phantom finden dann die Möglichkeit sich festzusetzen.

Affirmation:
Wie im Zentrum des Zyklons stehe ich in meiner Mitte. Die Kraft der inneren Welt ist mit mir. Nichts kann mein Vertrauen in diese Sicherheit erschüttern.

Ziel:
Der Schulterschluss mit den feinstofflichen Wesen in der Natur schafft Verbindung mit der inneren Welt. Aus dieser Haltung zum Leben entsteht Handlungsfähigkeit.

Naturbotschaft:
Die Sommer-Sonnenwende markiert den höchsten Stand der Sonne. Johanniskraut steht jetzt in voller Blüte und symbolisiert den Zeitpunkt unbändiger Willenskraft und unbegrenzter Lebensenergie. Helligkeit und Klarheit durchstrahlen den Augenblick als Sieg über die Dunkelheit.

25

Wasserminze – *Mentha aquatica*

Durchsetzungskraft

Seinen Raum einnehmen

Möglicherweise können deine Kräfte nicht zum Einsatz kommen, weil der Energiefluss von aufgestautem Zorn blockiert wird. Zumeist steht hinter der Wut ein ungestillter Schmerz, der einer Lösung entgegenwirkt. Wenn du dich diesem Schmerz stellst, kannst du auf deinem Weg tatkräftig voranschreiten, dir neue Räume erschließen und dich deiner Vitalität erfreuen.

Affirmation:
Mein Körper ist mein Helfer und schenkt mir Raum. Meine Gefühle dürfen sein. Ich übernehme die Verantwortung für mich selbst.

Ziel:
Ordnung und Klarheit werden geschaffen. Der mentale Überblick ermöglicht eine eindeutige Wahrnehmung und stärkt die Entscheidungskraft, wenn sie zugleich von den Gefühlen getragen wird.

Naturbotschaft:
Die Wasserminze wirkt im Spannungsfeld von Feuer und Wasser. Sie liefert zündende Impulse, die Prozesse in Gang setzen. Als Pflanze liebt sie die unbegrenzte territoriale Herrschaft. Im „tropischen Bereich" des Körpers (Leber/Darm) ordnet sie die vitalen Ströme.

Lavendelblüte – *Lavandula millefolium*

26

Lichthunger

Über sich selbst hinauswachsen

Wenn du auf diese Karte stößt, solltest du dich mit der Frage auseinandersetzen, was dich vom Wesentlichen ablenkt. An welchem Punkt mag das Ego noch nicht weichen, übernimmt immer wieder das Steuerruder und lässt das Schiff in Richtung Dunkelheit treiben? Jetzt ist der Zeitpunkt umzusteuern und deinen Kurs bewusst auf das Licht auszurichten. Befreie dich von den reflexartigen Bedürfnissen.

Affirmation:
In der Klarheit meiner Seele ruhend lasse ich alle begrenzenden Vorstellungen fallen. Die Lichtkräfte nähren mich.

Ziel:
Innere Ordnung wird geschaffen und alles ist darauf ausgerichtet, den Ruhepol zu halten. Die Zusammenhänge werden transparent und der Weg führt in das Land der Weisheit.

Naturbotschaft:
Lavendel stärkt das Selbstvertrauen. Eine kühle Unabhängigkeit lässt den Menschen allen kleinlichen Blickwinkeln entwachsen und ihn die Größe des Lebens in der Gesamtheit erahnen. Lavendel vermittelt den transformativen Impuls in Richtung Erleuchtung.

27

Muskatellersalbeiblüte – *Salvia sclarea*

Trance

Der entrückte Blick

Du hast eine Schwelle zu überschreiten und suchst nach Hilfestellung, weil du Neuland betrittst und nicht einschätzen kannst, was dich auf der anderen Seite erwartet. Du brauchst den berühmten „Tritt in den Hintern", um dich auf unbekanntes Territorium einlassen zu können. Jetzt ist der Impuls gefragt, der es dir ermöglicht, dich voll und ganz auf das Abenteuer einzulassen, vor dem du zu stehen vermeinst. Vertrau dem Narren in dir, auch wenn der Verstand nicht folgen mag.

Affirmation:
Manches lässt sich mit Worten nicht vermitteln. Ich öffne mich kompromisslos und gebe mich ganz den unbekannten Dimensionen hin.

Ziel:
Sich fallen lassen, um mit dem tiefen Sinn des Ganzen zu verschmelzen. Es gilt, der Verbindung mit der Quelle allen Seins zu vertrauen. Man kommt zuhause an und Altbekanntes erscheint verblüffend neu. Unerwartete Perspektiven tun sich auf.

Naturbotschaft:
Der Muskatellersalbei weitet das Bewusstsein und ermöglicht einen Blick nach innen, der Freude und Entspannung aufkommen lässt. Die Wahrnehmung einer neuen Dimension der eigenen Fähigkeiten wird angeregt.

Schwertlilie – *Iris germanica pallida*

Wiedergeburt

Die Kreise schließen sich

Es ist ganz entscheidend, dass du den Schritt zu dir selbst vollziehst. Du stehst nicht genug dafür ein, was deinen eigenen Wert ausmacht, und läufst Gefahr, dein Potenzial nicht auszuschöpfen. Um die Schönheit und wohltuende Qualität deines Soseins zum Ausdruck bringen zu können, musst du dir das Recht darauf selbst zugestehen. Du ermächtigst dich damit, der Herrscher deines eigenen Lebenszyklus' zu sein.

Affirmation:
Ich bin mir selbst ein Freund und verheiße mir eine glückliche Lösung. Ich weiß um meine Kraft und erlaube mir, sie einzusetzen.

Ziel:
Systemische Ordnung entsteht. Alle Lasten werden ausgeglichen und eine Brücke zu Liebe und Frieden wird geschlagen. So ist ein unbelasteter Neustart möglich.

Naturbotschaft:
Die Schwertlilie legt in ihrem Wachstum eine subtile kämpferische Energie an den Tag, die sich für den harmonischen Ausgleich verwenden lässt. Die Nähe zum Wasser weist auf einen starken Bezug zur Gefühlswelt hin und der Duft ihrer Wurzeln steht in Resonanz zum menschlichen Seelenleben.

29

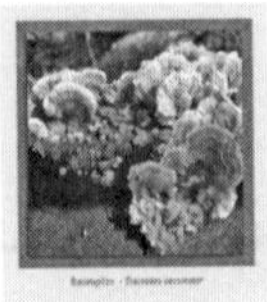

Baumpilze – *Trametes versicolor*

Zersetzung

Helfer des Übergangs

Mit diesem Begriff kannst du etwas Gutes und etwas Schlechtes verbinden. Dir steht die ganze Skala der Bewertung zur Auswahl und du darfst selber entscheiden, was es für dich bedeutet. Dem Zersetzungsprozess wohnt ein alchimistisches Wesen inne. Wie es sich zeigt, hängt von den persönlichen Erfahrungen ab. Du darfst genau hinschauen, welche deiner Prägungen reif für eine Auflösung sind.

Affirmation:
Wandel schreckt mich nicht. Ich lasse ihn zu und erkenne die Schönheit in der späten Phase eines lebenden Kunstwerks.

Ziel:
Im Vertrauen auf die stetige evolutionäre Perspektive der Schöpfung kann der bewusste Mensch in großer Gelassenheit voranschreiten.

Naturbotschaft:
Baumpilze sind immer Boten einer ins Haus stehenden Hinfälligkeit des Baumes. Oft findet man sie auch in Polarität zum Verfall, wenn sie gleichzeitig das Abwehrsystem einer der Auflösung widerstrebenden Körperlichkeit aktivieren. Sie zeigen sich in malerischen bis bizarren Formen und haben magische Kräfte.

Eschensaat – *Fraxinus excelsior*

30

Wegweiser

Übermittler der guten Botschaft

Bei dieser Karte darfst du dich fragen, ob dein Handeln im Dienste der Sache steht oder als Selbstzweck dient, denn du hast ein Geschenk zu überbringen, das von großer Bedeutung ist. Es wirkt in höchstem Maße erlösend und befreiend, wenn du es selbstlos weitergibst. Nur dann wird es auch für dich bewirken, was es für den Empfänger tut, nämlich Freude auslösen.

Affirmation:
Alle in mir auftauchenden Bilder sind mir willkommen. Fülle und Reichtum stellen sich ganz mühelos ein. Großzügig schenke ich mich dem Leben.

Ziel:
Die eigenen Fähigkeiten ganz unmittelbar wahrnehmen. Es gibt keine Verpflichtung mehr, irgendetwas unter Beweis stellen oder tun zu müssen. Es tut sich alles selbst.

Naturbotschaft:
Die Esche ist ein Zauberer, der jede Blockade lösen kann. Von diesem Baum geht eine stärkende Kraft aus, die gleichzeitig alle Verhärtungen erweicht. Ganz erstaunlich ist die Energie in der Verbreitung ihrer Saat. Kein anderer Baum in unserem Garten lässt so stark wie die Esche seine Nachkommen emporschießen.

31

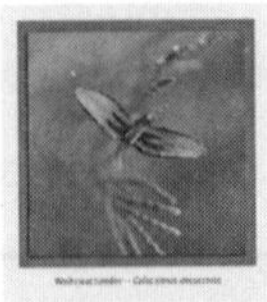

Weihrauchzeder – *Calocedrus decurrens*

Brückenschlag

Zwischen Himmel und Erde

Einen Zustand zu verlassen, an den man sich gewöhnt hat, ist nicht leicht. Du klebst unter Umständen auch an den Fäden, die du selber gesponnen hast. Der Schritt in eine neue Dimension kann aber nur in Klarheit erfolgen. Das Alte kannst du nicht mitnehmen.

Vielleicht gibt es noch etwas, von dem du dich bewusst trennen solltest, auch wenn es dir so sehr vertraut erscheint. Schau auf das, was du hinterlässt, denn das ist und bleibt dein Werk, auch wenn du gehst.

Affirmation:
Immer leichter und schwereloser bleibe ich dennoch mit allem verbunden. Ich löse mich aus dem Netz der Verflechtungen und betrachte es von oben.

Ziel:
Der Rückzug in eine ungebundene Betrachtung ist unglaublich heilsam. Das Lösen aller Fesseln ermöglicht es, Transparenz zu erfahren. Das kommt einem erleuchteten Zustand nahe.

Naturbotschaft:
Die Weihrauchzeder hat einen Duft, der Geist und Seele verbindet und alte Lasten auflösen kann. Die Fähigkeit, neue Möglichkeiten visionär zu erfassen, wird in starkem Maße von ihrem aromatischen Rauch unterstützt.

Lebensbaum – *Thuja occidentalis* 32

Forderung

Auf die Probe gestellt

Wenn du spürst, dass dein Denken und Handeln nicht mit deiner persönlichen Wahrheit harmonieren, hast du Anlass, dich neu zu orientieren. Dem zu folgen, was dich steuert, ohne dass es dir im Herzen zusagt, ist dir auf Dauer nicht zuträglich. Betrachte diese Karte als Aufforderung herauszufinden, was du dir selber wert bist. Dafür ist es wichtig, der Sache auf den Grund zu gehen und deine Haltung auf den Prüfstand zu stellen.

Affirmation:
Ich befreie mich von meinen selbst gesetzten Grenzen und lebe mein Leben nach meiner Herzenswahrheit.

Ziel:
Ein von Zwängen und Einschränkungen befreites Gefühl des ICH BIN wird möglich. Daraus entsteht ein neuer Blickwinkel auf die Vollkommenheit im Dasein.

Naturbotschaft:
Der Lebensbaum gehört zu den Saturn-Pluto-Pflanzen. Das zeigt sich in der Strenge, mit der die Ausrichtung auf die Mitte eingefordert wird. Das erdhafte und zugleich nach dem Licht strebende Wesen offenbart sich. Es zeigt auf das, was noch zu klären ist, damit der gerade Weg gegangen werden kann.

33 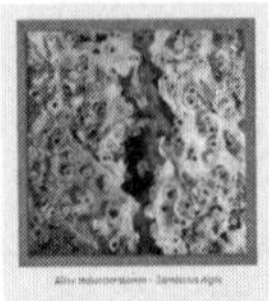

Alter Holunderstamm – *Sambucus nigra*

Grenzgebiet

Der Spalt zwischen den Welten

Hier stellt sich die Frage, wie es mit grenzüberschreitenden Kontakten aussieht. Du bist aufgefordert, genau hinzuschauen, was das für dich persönlich bedeutet. Verhängnisvolle Affären sind nicht auszuschließen und plötzlich sind auch Brüche da. Grenzen zu überschreiten hat immer Konsequenzen. Du solltest die Grenzen deines eigenen Territoriums überprüfen und dich über jeden konstruktiven Austausch mit der anderen Seite freuen.

Affirmation:
Wenn ich mich einlasse, so geschieht das bewusst. Hinter den Teilen sehe ich das Ganze und erwarte ruhig den Moment der Begegnung.

Ziel:
Grenzen haben immer etwas mit Abtrennung zu tun. Das Bestreben, eine Brücke zur anderen Seite zu schlagen, ist immer auch im Sinne der Vereinigung von zusammengehörenden Teilen zu sehen.

Naturbotschaft:
Der greisenhaft anmutende alte Holunderstamm erzählt Geschichten von Tod und Wiedergeburt zwischen Herbst und Frühling, über die untere und die obere Welt, zwischen denen ein tiefer Graben verläuft.

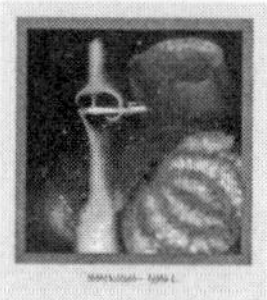

Rohrkolben – *Typha L.* 34

Geschlechtlichkeit

Verbindung von Himmel und Erde

Es ist von großer Bedeutung, dass jeder Mensch das Weibliche und das Männliche in sich selbst vereint. Deinen inneren Mann und deine innere Frau sollst du gleichermaßen anerkennen, um zu innerem Frieden zu gelangen. Möglicherweise haben sich Rückstände gebildet, die diesem Ausgleich immer noch entgegenwirken. Jetzt ist die Zeit gekommen, diese Altlasten aufzulösen.

Affirmation:
Ich erkenne die Kraft des reinen Lichts in mir. Die Schatten der Geschlechterkonflikte lösen sich darin in Liebe auf. Ich sage Ja zur Hingabe.

Ziel:
Neue Gelassenheit in allen Partnerschafts-Angelegenheiten stellt sich ein. Verlustängste weichen uneingeschränkter Hingabe und schaffen Raum für Akzeptanz und gegenseitigen Respekt.

Naturbotschaft:
Der Rohrkolben ist ein phallisches Symbol. Wenn er die Überfülle seiner Saat ausschüttet, ist die Yangkraft am Zuge. Wird er unter der Wasseroberfläche abgeschnitten, werden vaginale Yin-Signaturen im Querschnitt seines Wurzelstiels sichtbar. Der Himmel sendet eine Lichtgestalt auf den Wasserspiegel, einem Botschafter aus dem Kosmos gleich.

35 

Irissaatkapsel – *Iris germanica*

Verheißung

Erotik und Fruchtbarkeit

Dir stellt sich die Frage, ob Geben und Nehmen für dich in einem ausgeglichenen Verhältnis stehen. Du hast dir deinen Raum genommen, um andere lustvoll zu beschenken, aber möglicherweise eigene Bedürftigkeit hinter deinem Stolz versteckt. Jetzt ist der Moment bedingungsloser Hingabe und dir wird vergegenwärtigt, wie du selber das bekommst, was du in echter Selbstlosigkeit verschenkst.

Affirmation:
Was ich gebe, das bekomme ich, denn im Kern ist alles eins. Mein Verlangen nach Liebe darf sein, Wertschätzung und Unterstützung fließen mir zu.

Ziel:
Ein Gefühl von Fülle stellt sich ein und jeder Augenblick wird als wertvoll und sinngebend empfunden. Die Ernte dessen, was man gesät hat, kann jetzt eingefahren werden, und eine gute Zukunft ist zu erahnen.

Naturbotschaft:
Die reife goldene Saat verkündet den Erhalt des Lebens und weist auf den Neubeginn im nächsten Zyklus hin. Mit gefüllten Speichern lässt sich die dunkle Phase des Jahres gut überbrücken. Die aufbrechende Saatkapsel ist ein Sinnbild für eine gelungene Verschmelzung der Gegensätze.

Ginkgoblatt – *Ginkgo biloba* 36

Gleichgewicht

Der Weg auf Messers Schneide

Für dich ist es an der Zeit, die Zonen zu befrieden, wo noch Zündstoff aus kriegerischen Tagen lagert. Unachtsamer Umgang mit den Altlasten bringt möglicherweise alles aus dem Lot. Beobachte deine Gedanken. Pass auf, dass du nicht an vermeintlichen Werten festhältst, die letztlich zu einem Absturz führen. Bleib auf dem Strom, der aus der Mitte fließt, und erkenne dich als Meister des Herzens.

Affirmation:
Das Kämpfen hat ein Ende. Ich bin der Ritter meines inneren Tempels. Der heilige Raum nimmt und gibt mir alles zugleich.

Ziel:
Die Spannung zwischen den Polen ist auszugleichen. Wenn das gelingt, kann eine neue Lichtquelle ihre Strahlkraft in der Dunkelheit entfalten.

Naturbotschaft:
Der Ginkgobaum steht für das Überleben des Geistes. Eine enorme Flexibilität im Umgang mit Störfaktoren zeigt sich in der Fähigkeit, so ziemlich alle zu entkräften und dabei selber stark zu bleiben. Die perfekte Verbindung der polaren Kräfte erschafft das „Perpetuum Mobile“ und verbraucht die gleiche Energiemenge, die es erzeugt.

37

Bilsenkraut – *Hyoscyamus niger*

Wahnsinn

Dem Pan in die Augen schauen

Diese Karte ist die Aufforderung, eine Gestalt in dir freizulassen, die schon lange im Kerker deiner Innenwelt eingesperrt ist. Solange du sie ignorierst, wird sie im Dunkel rumoren. Wahn wird von Angst genährt. Gibst du der Gestalt die Möglichkeit, ein Teil der Tafelrunde deiner inneren Gemeinschaft zu werden, wird die Angst verschwinden und leicht zu bändigen sein. Was wir verdrängen, wird zur Last; was wir zulassen, kann integriert werden.

Affirmation:
Beherzt wage ich mich in die dunklen Winkel meiner Innenwelt, öffne die Tore und lasse das Licht herein. Erst das Gesamtbild zeigt mir die Schönheit aller Teile.

Ziel:
Mutig für sich und seine Eigenschaften eine Lanze zu brechen, zeichnet den großen Krieger aus. Er ist in aller Konsequenz aufrichtig zu sich selbst und in keiner Weise leichtfertig. Dies wird angestrebt.

Naturbotschaft:
Das Bilsenkraut ist ein großer Lehrer mit Geist bewegender Durchschlagskraft. Es verbindet das Sinnliche mit dem Übersinnlichen und zeigt die ganze Wahrheit auf. Dem schwachen Geist wird dies wahnhaft im negativen Sinne erscheinen.

Zaubernuss – *Hamamelis virginiana*

38

Energiereserven

Die eigenen Kapazitäten nutzen

Den Wert dessen einzuschätzen, was du hast, obliegt ganz allein deiner eigenen Autorität. Die Entwicklung hat in aller Ruhe stattgefunden und du weißt genau um deine Stärken und Schwächen. Wenn dich jetzt trotzdem etwas aus dem Ruder wirft, dann besinne dich auf das, was dich nährt und dir gut tut. Behandle dich selbst liebevoll, dann steht alles zur Verfügung, was es braucht, um aus der gegebenen Situation den vollen Gewinn zu ziehen.

Affirmation:
Meine Qualitäten sind mir bewusst und ich nutze sie. Ich nehme aktiv am Schöpfungsprozess teil und bringe mich zum Wohl des Ganzen ein.

Ziel:
Sich seiner eigenen Einflussmöglichkeiten bewusst zu sein, hat enorm stabilisierenden Einfluss auf die Befindlichkeit. Man wächst über seine Grenzen hinaus, ohne sich in der Überanstrengung zu verlieren.

Naturbotschaft:
Die Zaubernuss erstrahlt zum Ende eines Sonnenjahres in wunderbaren Farben, bevor sie sich in das Innere zurückzieht. Sie ist aber auch so voller Tatendrang, dass sie schon im Januar zu blühen beginnt und die Energie zum Fließen bringt.

39 

Stechpalmenfrucht – *Ilex aquifolium fructo*

Geduld

Erlösung kommt zur rechten Zeit

Wenn du dich einerseits nicht entscheiden kannst und andererseits ungeduldig auf eine Lösung wartest, bist du in einer unerträglichen Unruhe gefangen. In diesem Augenblick ist es wichtig für dich, mit der Instanz in dir Kontakt aufzunehmen, die man innerer Meister nennt. Er zeigt sich in deiner Bereitschaft, allem, was ist und in der Form, wie es ist, einen Vertrauensvorschuss zu gewähren. Konzentriere dich darauf und etwas wird passieren.

Affirmation:
Offen wende ich mich der Spannung in mir zu. Um das Geheimnis zu lüften, darf ich auf Unterstützung zählen. Ich bin bereit für alles.

Ziel:
Eine Ausgangsbasis bilden, von der aus neue bahnbrechende Impulse empfangen und ausgesendet werden können. Das, was geschieht, erschließt sich in seinem tieferen Sinn.

Naturbotschaft:
Der Umgang mit Spannung ist das Thema der Stechpalme. In ihr sind die Gegenspieler Mars und Saturn vereint. Psychisch-seelisch bringt sie weiche Vergebung dorthin, wo Verhärtungen in die Isolation geführt haben. Auf diese Weise signalisiert sie die Möglichkeit, einen Neuanfang in Reinheit zu machen.

Holunderbeeren – *Sambucus nigra fructo* 40

Gravitation

Die Frucht will Saat werden

Hier geht es ganz klar ums Loslassen. Es sind aber noch Dinge zu erledigen, die es dir nicht erlauben, dich einfach fallen zu lassen in dem Vertrauen, dass deine Saat aufgehen wird. Du merkst jedoch schon, wie die Lösung fordernd anklopft und dir keine Wahl lässt. Du steckst mitten in einem Prozess, der dich nicht abheben lässt, sondern zu Boden zieht. Wende dich der Zugkraft zu und du wirst sehen, was geschieht.

Affirmation:
Ich bin ein Kind der Erde. Freudig trete ich über die Schwelle und gehe mit der Kraft des Lebens den nächsten Schritt.

Ziel:
Eine hingebende Haltung ist Kennzeichen geistiger Reife. Diese steht nunmehr im Vordergrund. Wahre Werte werden auf diese Weise weitergegeben.

Naturbotschaft:
Der Holunder hat viele Aspekte. Ganz zentral ist er ein Schwellenbaum zwischen der oberen und der unteren Welt. Bei dieser Karte sind es die säuerlichen schwarzen Beeren, die erst gekocht werden müssen, um ihre toxischen Anteile zu verlieren. Dann werden sie zum hervorragenden Heilmittel, das auch noch lecker schmeckt.

41

Moose – Begleiter des Alterns

Zeitzeuge

Auf das Wesen der Dinge schauen

Mit dieser Karte geht es um den Wandel und die persönliche Einstellung dazu. Du wirst aufgefordert, dich der Veränderung zu stellen und ohne Bewertung zu erfassen, was gerade vor sich geht. Wenn du unruhig wirst, schau genau hin. Vielleicht erkennst du dann, dass dahinter eine Verlustangst steht und jetzt zum Ausdruck kommt. Du gewinnst alle Zeit der Welt, wenn du sie aus der Position des neutralen Beobachters betrachtest.

Affirmation:
Neugierig und wohlwollend blicke ich auf das pulsierende Leben um mich herum. Ich bin ein Teil des Ganzen und füge mich bereitwillig ins Werden ein.

Ziel:
Es gibt nichts Schöneres, als entspannt der Dinge zu harren, die da kommen wollen. Darin liegt eine große Freiheit, denn das Gelingen hängt nicht vom eigenen Handeln ab.

Naturbotschaft:
Der steinerne Erdmann schaut in aller Seelenruhe zu, wie die Jahreszeiten an ihm vorüberziehen. Die Moose, die ihn besiedeln, sind die Wandler des Lebens und erschaffen fruchtbaren Boden. Sie werden den Stein auf dem Weg zu Humus begleiten und schenken ihm die Zeit, um Erfahrung zu sammeln.

Zunderschwamm – *Formes formentarius*

42

Lichtbringer

Wissen und Erkenntnis verbreiten

Vielleicht bist du tatsächlich im Zweifel darüber, ob dein Beitrag zum Leben es wert ist, verkündet zu werden. Deine Wahrheit erscheint dir im Grunde genommen nicht der Rede wert und doch exponierst du sie, wann immer sich Gelegenheit bietet. Jetzt hast du die Chance, in letzter Konsequenz zu dir selbst zu stehen und deiner persönlichen Ausdrucksform in jeder Phase uneingeschränkt zuzustimmen.

Affirmation:
Ich richte den inneren Blick auf mein Potenzial und erspüre, was sich durch mich ausdrücken will. Ich liebe, was aus mir heraus kommt, und halte es nicht zurück.

Ziel:
Ein Träger der Botschaft muss zu seinen Talenten stehen, die ihn befähigen, diese Aufgabe zu erfüllen. Die schöpferische Kraft soll und darf durch den Menschen fließen und sich in der bestmöglichen Form entfalten.

Naturbotschaft:
Weichgeklopft, in Urin eingelegt und anschließend getrocknet haben unsere Vorfahren diesen relativ harten Pilz als Zunder verwendet, um die geschlagenen Funken aufzufangen und Glut zu entfachen. Der Zunderschwamm nährt das Feuerelement, um einen Entwicklungsprozess in Gang zu setzen.

43

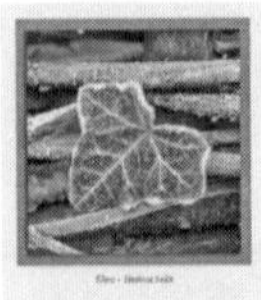

Efeu – *Hedera helix*

Aushalten

Sich nicht unterdrücken lassen

Manchmal kommt es darauf an, unangenehme Situationen zu akzeptieren. Es herrscht ein rauer Wind, dennoch kannst du dich bejahend darauf ausrichten, wenn du alle deine dir innewohnenden Qualitäten zum Einsatz bringst. In fester Verbindung mit deinen Prinzipien wirst du die Bedingungen erfüllen, die es braucht, um den einmal eingeschlagenen Kurs zu halten. Du wirst es schaffen, wenn du dir selber treu bleibst.

Affirmation:
Ich bin stark und fähig und kann für mich selber einstehen. Alles ist richtig, wie es ist, und zur rechten Zeit erfahre ich den Sinn des Ganzen.

Ziel:
Große Kraft entsteht aus dem Vertrauen in sich selbst und den damit verbundenen unbegrenzten Reserven. Durch die Kontinuität, mit der wir uns selbst ernst und wichtig nehmen, sichern wir unser Überleben. Der Mensch, der zum eigenen Heiler wird, heilt immer auch die Gemeinschaft.

Naturbotschaft:
Der Efeu wurde von Ägyptern, Griechen, Römern und Kelten gleichermaßen für seine Heil- und Zauberkräfte verehrt. In seinem Erscheinungsbild zeigt er dem Menschen, wie man an dem festhält, was stabil und dauerhaft ist.

Froschlöffelwurzel – *Alisma plantago-aquatica* 44

Führung

Von der Wiege bis zur Bahre

Du bist unsicher, ob der Weg, den du gegangen bist, der richtige war? Zweifel an deiner Fähigkeit, die Situation richtig einzuschätzen, sind nicht mehr angebracht. Wenn du dein Blickfeld weitest und den Panorama-Modus einstellst, wirst du sehen, wie viel in deinem Leben genau das war, was du brauchtest, um dort anzukommen, wo du jetzt bist. Und genau diesem Jetzt solltest du dich mit vollem Vertrauen zuwenden.

Affirmation:
Ich bin ganz bei mir im Hier und Jetzt. Voll tiefer Dankbarkeit ehre und würdige ich, was mich in meinem Leben bis hierher geführt hat.

Ziel:
Ein konstruktiver Rückblick verändert die Vergangenheit, die mit Gefühlen im Gepäck schwer wiegt. Was wir als wahr empfinden, dürfen wir selbst entscheiden. Die Last ist dann leicht zu tragen.

Naturbotschaft:
Der Froschlöffel erscheint wie eine Zauberpflanze, die mit dem magischen Fluss des Wassers verbunden ist. Ihr Wurzelwerk zeigte sich mir als vitale Kinderstube der Teichmuschel, und im getrockneten Zustand erblickte ich eine greisenhaft gebeugte Gestalt in ihr, die dem Lauf des Lebens entstiegen ist.

45

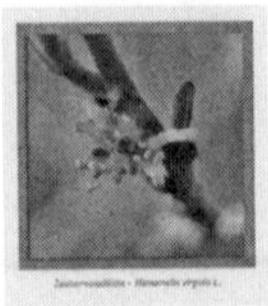

Zaubernussblüte – *Hamamelis virginia L.*

Motivation

Der tiefere Sinn wird offenbart

„Und glaubst du mal, es geht nicht mehr, kommt irgendwo ein Lichtlein her" ist der Spruch, der für dich jetzt Bedeutung haben könnte. Vielleicht ist es auch an dir, die Fackel weiterzutragen und einen aktiven Dienst am Leben zu leisten. Diese Karte soll dir zeigen, dass du die Kraft für einen Neuanfang in dir hast, wenngleich es dir nicht so erscheinen mag. Nimm den Anstoß an und bereite dich auf einen neuen Zyklus vor. Je eher du das tust, desto früher werden deine Saatkörner aufgehen.

Affirmation:
Die in mir schlummernden Gaben treten hervor. Die Möglichkeiten offenbaren sich. Ohne Angst vor den Umständen trete ich in Aktion.

Ziel:
Ein neuer Raum wird geschaffen, in dem die Zeichen aufsteigende Lebenskraft signalisieren. Optimismus kann sich ausbreiten und Vorfreude entstehen.

Naturbotschaft:
Die farbstarke Blüte der Zaubernuss ist ein Vorbote des Frühlings im tiefsten Winter. In ihren Farben kommen der Lebenswille und das Herzblut zum Ausdruck, die auch zur kältesten Jahreszeit pulsieren.

Fenchelsaat – *Foeniculum vulgare* 46

Lebenselixier

Erwecke den inneren Heiler

In dir finden Prozesse statt, die Druck ausüben. Du empfindest es als Druck von innen, den du gerne nach außen bringst. Dies ist auch nötig, nur verunreinigt dieses Ablassen dann auch dein Umfeld. Das lässt dann wieder Druck von außen entstehen und du fühlst dich wie in einem Teufelskreis gefangen. An diesem Punkt ist es angezeigt, den inneren Alchimisten zu aktivieren und damit die „Bösen Geister" zu entkräften.

Affirmation:
Geistige Impulse sind mir willkommen. In mir beginnt es zu fließen und ich handle im Sinne dieser guten Einflüsse.

Ziel:
Aus der Einsamkeit großer Abhängigkeit herauszukommen, stark zu sein und die Dinge zu sehen, wie sie in Wahrheit sind. Das Leben liebt den, der es genießt, am Leben zu sein. Ein geschützter Raum steht zur Verfügung.

Naturbotschaft:
Die Fenchelsaat hat starken Bezug zum weiblich-nährenden Prinzip. Sie regt zur Lösung und Klärung von angestauten Problemen an, führt nach Hause in die Geborgenheit und zu innerer Stabilität.

47

Kirschbaumknospen – *Prunus avium*

Entscheidung

Im Anderen leben

Wenn du immer nur nach außen lebst und dein Bestes gibst, solltest du dich fragen, wie es dir dabei geht. Bist du innerlich mit dem zufrieden, was du bekommst? Der Rückzug in eine kontemplative Haltung ist für dich von großem Wert, um die Last, die du trägst, dem Universum zu übergeben. Kontemplation schenkt dir die Freiheit, dich auch einmal für dich selbst zu entscheiden.

Affirmation:
In meinem Spiegel kann ich mich selbst erkennen. Ich betrachte mich und weiß, was ich will. Geduldig trage ich meine Kraft in die Welt.

Ziel:
Nicht mehr für die Interessen anderer verfügbar sein. Man ist im Einklang mit sich selbst. Eine klare und ruhige Sichtweise bringt das ganze Potenzial desjenigen zum Einsatz, der sich bewusst dafür entscheidet.

Naturbotschaft:
Im Kirschbaum wirken Venus und Mond. Entsprechend geht es bei diesem Baum also um Kontakt und Beziehung. Die Blütenknospen sind bereits im späten Winter wohlgeschützt auf Startposition und strahlen die Bereitschaft aus, ihre sinnliche Pracht frühestmöglich zu entfalten.

Herbstanemonensaat – *Anemone hupehensis* 48

Anker

In Beziehung und Verbindung stehen

Wohlmöglich suchst du nach innerem Halt und hast das Gefühl, irgendetwas fehle dir an deiner Ganzheit. Aus diesem Grund identifizierst du dich sehr mit dem, was du hast und nach außen darstellst. Du hältst die Fülle zurück, die tatsächlich in deinem Inneren vorhanden ist und zum Ausdruck kommen möchte. Wenn du dich auf die Verankerung in deinem wahren Ich ausrichtest, wirst du das Fehlende mit Sicherheit finden.

Affirmation:
Ich lasse mich auf mein inneres Selbst ein und verbinde mich mit meinem Urgrund. Schutz und Orientierung liegen in mir selbst.

Ziel:
Hier und jetzt wird die Erkenntnis angestrebt, dass jegliches Gefühl von Mangel auf geistigem Wege aufgelöst werden kann. Wir haben unbegrenzte Möglichkeiten, in Beziehung mit Allem-was-ist zu treten.

Naturbotschaft:
Dies ist die Saat der „Elfenblumen“, die den Geist ihrer japanischen Heimat in unsere Breitengrade tragen. Die zauberhafte Ästhetik der Blüten findet eine Fortsetzung im winterlichen Erscheinungsbild des luftigen Saatgespinstes, das sich jedoch nur widerstrebend vom Wind davontragen lässt.

49

Eisminze – *Mentha aquatica*

Durchhaltevermögen

Reserven sind auf Abruf verfügbar

Diese Karte weist darauf hin, Energie zu erhalten, auch wenn Widrigkeiten den Prozess vorübergehend zum Stillstand gebracht haben. Nimm diesen Augenblick der erzwungenen Ruhe an, um deine Kräfte zu sammeln. Bald werden die Dinge wieder in Bewegung kommen. Nutze also die Heiligkeit der Stille, die dieser Moment mit sich bringt.

Affirmation:
Kraft steigt in mir auf und drängt darauf, genutzt zu werden. Ich bin stark und kann alle Herausforderungen bestehen.

Ziel:
Der Blick wird immer klarer und die Richtung immer eindeutiger. Lebensfreude steigt mit jedem Grad, das die Temperatur nach oben klettert. Perspektiven eröffnen sich wie von selbst, sobald der Strom der Zeit wieder zu fließen beginnt.

Naturbotschaft:
Die Wasserminze ist ein Kraut, das auch im Winter die grüne Vitalität seiner Triebe nicht komplett verliert und selbst im Eis eingeschlossen überdauert. Es sorgt dafür, dass die magische Kraft des Wassers auch im erstarrten Zustand erhalten bleibt. Die Wasserminze ist ein wahrer Überlebenskünstler.

Tannenzapfen – *Abies koreana*

Bestimmung

Den großen Zusammenhang erfahren

Mit dem Bezug zu dieser Karte kommt dein Verhältnis zum Nehmen auf den Tisch. Du solltest dich fragen, ob du der unendlichen Großzügigkeit des schöpferischen Willens vertraust oder eher kontrollierst, wie deine Chancen sind. Der Himmel befruchtet die Erde mit seinem Licht, damit alles Leben gedeiht. In diesem Bewusstsein zu leben, verschafft dir große Freiheit. Du weißt, dass du letztendlich geschützt sein wirst, wie immer du deine Schritte setzt.

Affirmation:
Ich richte meine Bestrebungen an den Lichtkräften aus und finde Harmonie. Was ich gebe, bekomme ich, und bin so meines eigenen Glückes Schmied.

Ziel:
Der tiefere Sinn des eigenen Denkens und Handelns ist zu erfassen. Die Vision eines sich selbst erfüllenden Lebens ist eine sehr nützliche Blaupause für die weitere Entwicklung.

Naturbotschaft:
Im Spätwinter zeigen die Zapfen der Koreatanne, dass sie die Tierwelt in der dunklen Phase genährt haben. Zugleich haben sie aber auch ihre eigene Existenz gesichert, denn ihre Schützlinge werden zugleich zu ihren Nützlingen.

51

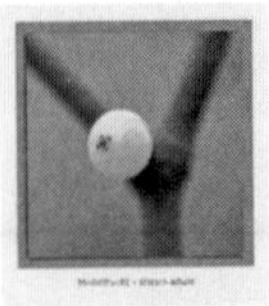

Mistelfrucht – *Viscum album*

Schwellenbewusstsein

Das Tor zur anderen Wirklichkeit

Wenn du so unter Strom stehst, dass es dir an Rückzug und Stille mangelt, kommt der Moment, eine grundsätzliche Entscheidung zu treffen. Es stellt sich die Frage, in welcher Wirklichkeit du leben willst. Wenn dir das bewusst wird, stehst du an der Schwelle, um die es hier geht. Es ist der Zeitpunkt gekommen, genau zu schauen, ob die gegenwärtige Situation es dir erlaubt, alle deine Fähigkeiten zu verbinden und optimal zu nutzen.

Affirmation:
Es ist mein Geburtsrecht, meinen freien Willen zu leben. Vor meinem inneren Auge sehe ich die Möglichkeiten und erkenne meinen Weg.

Ziel:
Es gilt, die Ordnung zu erkennen, in der man steht, und die Regeln zu beachten, die damit einhergehen. Das macht eine entspannte Bewegung erst möglich.

Naturbotschaft:
Die Frucht der magischen Mistel trägt die Signatur des Mondes. Sie fruchtet im Winter, wenn der Saturn herrscht, und schlägt damit die Brücke vom langsamsten zum schnellsten Planeten. Großmutter Mond trifft also auf den grauen alten Gott der Zeit.

Alant – *Inula helenium* 52

Haltung

Den inneren Tempel öffnen

Möglicherweise beharrst du so sehr auf deiner Haltung, dass dir Sturheit nachgesagt wird. In diesem Fall sperrst du dich gegen die Wandlung. Das lässt auf mangelndes Vertrauen schließen, obwohl es nach außen hin ganz anders erscheinen soll, nämlich als wüsstest du ganz genau, was du tust. Es wäre gut, anderen Gesichtspunkten bewusst eine Chance zu geben, weil dir das selber eine größere Flexibilität einräumt.

Affirmation:
Innerlich mache ich mich ganz weit und spüre die Freiheit. Ich muss an nichts festhalten. Ich genieße Schutz, und wenn es gebraucht wird, ist alles da.

Ziel:
Alte Denk- und Handlungsgewohnheiten sind loszulassen. Man entdeckt stattdessen neue Entwicklungsräume an Stellen, wo man sie nicht vermutet.

Naturbotschaft:
Die transformierte Seite des Alant tritt auf: Das Sal-Prinzip, die Struktur gebende saturnische Seite dieser kraftvollen Jupiter-Pflanze mit ihrer aufrechten Haltung. Auch in der dunkelsten Zeit kommen hier die Lichtkräfte noch zum Ausdruck.

53 Ysop – *Hyssopus officinalis*

Ordnung

Transparenz als höchstes Gebot

Wenn du versuchst, mit allen Mittel eine Struktur zu erzwingen, wirst du die Dinge nicht unmittelbar aufnehmen können, weil sie dir dann unklar erscheinen. Schnelle Reaktionen sind dir so nicht möglich und du verfällst in Starre, wenn man Spontaneität von dir verlangt. Das Leben lässt sich nicht immer kartographisch ausloten, bevor der erste Schritt getan wird. Es ist wichtig zu lernen, durch die Strukturen hindurchzuschauen.

Affirmation:
In meinen Adern pulsiert das Blut. Alles ist im Fluss und verbunden. Ich bin ein Teil des natürlichen Kreislaufs und atme Licht.

Ziel:
Eine Situation, die festgefahren ist, wird wie von selbst gelöst. Es wird möglich, sich zurückzulehnen und tiefes Vertrauen in den Lauf der Dinge aufzubauen.

Naturbotschaft:
In Europa kennt man den Ysop als Symbol der Unschuld. Im Okkultismus galt er als Pflanze des Sonnenlaufs. Geräuchert ist er ein klärender Hauch, der die Wärme des Wohlwollens in das erstarrte Herz trägt. Er verspricht uns Ruhe, die mit der Ordnung wächst.

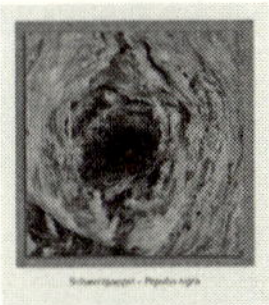

Schwarzpappel – *Populus nigra* 54

Endlichkeit

Die Auflösung vor der Neugeburt

Die kosmischen schwarzen Löcher verschlingen die Materie und erscheinen uns so bedrohlich, weil sie den Übergang in eine andere Dimension anzeigen. Du fürchtest dich vor Verlust und Leere. Vor der Unersättlichkeit des Lebens, mit der es sich selbst verzehrt, um wieder hinabzutauchen in den Urgrund, zum Unergründlichen, dem numinosen Dunkel, um in neuer Form wiedergeboren zu werden.

Affirmation:
Die weisen Geister flüstern mir zu: Vertraue! Der Wandel trägt das Leben. Nichts kann mich in der Trauer binden. Ich bleibe im Fluss.

Ziel:
Dieses Bild ist ein Symbol für die Vergänglichkeit und spricht den Teil in uns an, der gerne so bleiben möchte, wie er ist. Wir spüren jetzt ganz deutlich, woran wir festhalten, obwohl loslassen längst überfällig ist. Das Alte schenkt dem Neuen Raum.

Naturbotschaft:
Die Schwarzpappel siedelt vorzugsweise an Flussufern und trägt die Signatur des Mondes im schnellen Wachstum und Zerfall. Ihre medizinische Wirkung hat ihren Schwerpunkt im Lösen von Stoffwechselschlacken.

55

Tannenspitze – *Abies spp.*

Neugierde

Der hoffnungsvolle Lebensimpuls

Du befindest dich in einem Zustand der Ungeduld, weil es nicht so schnell vorangeht, wie du es gerne hättest. Aber jede Spannungsphase hat ihren Reiz und erfüllt einen wichtigen Lebenszweck. Finde also heraus, was an der momentanen Polarisierung der Gegensätze wertvoll ist. Richte dein forschendes Auge auf den dritten Punkt, um die Abrundung des gegebenen Augenblicks zu bewirken.

Affirmation:
Ich atme tief durch und spüre in jeder Pore meines Körpers Lebenslust. Meiner Dreifaltigkeit von Körper, Gefühl und Geist bewusst, wirke ich schöpferisch.

Ziel:
Ein kreativer Prozess wird angeregt und neue Energie kann fließen. Es entsteht eine freie und leichte Atmosphäre, die hilft, in die Transformation zu gehen. Das ruft freudvolle Perspektiven auf den Plan und löst Gefühle der Harmonie und Hoffnung aus.

Naturbotschaft:
Die Tanne wirkt als Vermittler der Lichtbotschaft zwischen Himmel und Erde. Ihre zweidimensionale Signatur eines mit der Spitze zum Himmel weisenden Dreiecks steht für die Vollendung der irdischen Aufgabe. Sie ist ein starkes Symbol für das wiedergeborene Licht und die Botschaft der Liebe.

Trompetenflechte – *Cladonia fimbriata*

56

Aufbruch

Pioniere des Lebens

Es könnte gerade eine zähe Phase für dich sein und du findest keine rechte Motivation, irgendetwas daran zu ändern. Besinne dich auf die tragende Grundlage deiner Ahnen, die dir den Boden bereitet haben. Ein respektvoller Umgang mit ihrer Leistung wird dir anheim gestellt. Die Verbindung mit der Gemeinschaft des Lebens und die Wahrnehmung eines größeren Ganzen hinter all dem Werden wird dir auch deine persönliche Aufgabe klarer erscheinen lassen.

Affirmation:
Die Zeit ist reif und ich vertraue auf meine gute Basis. Mir steht alles zur Verfügung, was ich auf meinem Weg brauche.

Ziel:
Die innere Bereitschaft wächst, sich ohne Widerstreben den Gegebenheiten zuzuwenden. Die richtige Ausrichtung lässt Perspektiven wie von selbst entstehen. Ein Gefühl der guten Botschaft stellt sich ein.

Naturbotschaft:
Bei dieser Flechte tritt die Pilzkomponente als Netzwerkthema zutage. Diese winzig kleinen, grünen und aufrecht stehenden Trompeten erscheinen wie Soldaten. Ihre Haltung vermittelt den Eindruck, als würden sie das Signal zum Aufbruch blasen. Es ist der nahende Frühling, den uns das kleine Volk hier spiegelt.

Zuordnung nach Toren

Tor der Ideale

·6· *Entschlossenheit – Die Frucht wird reifen – Walnussblüte*

·22· *Enthüllung – Das Ziel anvisieren und Fülle wahrnehmen – Zwiebelblüte*

·32· *Forderung – Auf die Probe gestellt – Lebensbaum*

·39· *Geduld – Erlösung kommt zur rechten Zeit – Stechpalmenfrucht*

·43· *Aushalten – Sich nicht unterdrücken lassen – Efeu*

·56· *Aufbruch – Pioniere des Lebens – Trompetenflechte*

Tor der Großzügigkeit

·13· *Wandlungen – Sich dem Zyklus hingeben – Frauenmantel*

·21· *Konzentration – Bewegung aus der Ruhe – Spitzwegerichblüte*

·35· *Verheißung – Erotik und Fruchtbarkeit – Irissaatkapsel*

·41· *Zeitzeuge – Auf das Wesen der Dinge schauen – Moose*

·46· *Lebenselixier – Erwecke den inneren Heiler – Fenchelsaat*

·47· *Entscheidung – Im Anderen leben – Kirschbaumknospen*

Tor der Inspiration

·7· *Hoffnung – Das Ziel wird erreicht werden – Rosenknospe*

·9· *Neuanfang – Offenbarung der Chancen – Lärchenblüte*

·15· *Zauber – Die magische Überfülle – Kletterrose*

·30· *Wegweiser – Übermittler der guten Botschaft – Eschensaat*

·42· *Lichtbringer – Wissen und Erkenntnis verbreiten – Zunderschwamm*

·48· *Anker – In Beziehung und Verbindung stehen – Herbstanemonensaat*

·55· *Neugierde – Der hoffnungsvolle Lebensimpuls – Tannenspitze*

Tor der Kreativität

·1· *Überraschung – Das Geheimnis des Werdens – Mohnknospe*

·2· *Grenzwertigkeit – Das Maß ist voll – Angelikaknospe*
·20· *Scheitelpunkt – Hochzeit des Lichts – Mohnblüte*
·27· *Trance – Der entrückte Blick – Muskatellersalbeiblüte*
·29· *Zersetzung – Helfer des Übergangs – Baumpilze*
·34· *Geschlechtlichkeit – Verbindung von Himmel und Erde – Rohrkolben*

Tor der Erkenntnis

·8· *Wendezeit – Aus der Dunkelheit zum Licht – Immergrün*
·18· *Tiefgang – Die Sonnenkraft mitnehmen – Alantknospe*
·26· *Lichthunger – Über sich selbst hinauswachsen – Lavendelblüte*
·31· *Brückenschlag – Zwischen Himmel und Erde – Weihrauchzeder*
·51· *Schwellenbewusstsein – Das Tor zur anderen Wirklichkeit – Mistelfrucht*
·53· *Ordnung – Transparenz als höchstes Gebot – Ysop*

Tor der Zuversicht

·11· *Initiation – Die ganze Wahrheit erkennen – Junger Tannenzapfen*
·23· *Zuwendung – Eine hilfreiche Hand ausstrecken – Melissenblüte*
·24· *Ermutigung – Energie zum Fließen bringen – Johanniskrautblüten*
·38· *Energiereserven – Die eigenen Kapazitäten nutzen – Zaubernuss*
·44· *Führung – Von der Wiege bis zur Bahre – Froschlöffelwurzel*
·50· *Bestimmung – Den großen Zusammenhang erfahren – Tannenzapfen*

Tor des Lernens

·3· *Weisheit – Das luftige Wesen entdecken – Schlehdorn*
·14· *Schutzkraft – Am rechten Ort zur rechten Zeit – Rotblättrige Haselnuss*
·19· *Narrenfreiheit – Neue Blickwinkel erkunden – Gierschblüte*
·37· *Wahnsinn – Dem Pan in die Augen schauen – Bilsenkraut*

·45· *Motivation – Der tiefere Sinn wird offenbart – Zaubernussblüte*
·52· *Haltung – Den inneren Tempel öffnen – Alant*

Tor der Kraft

·4· *Kraftquelle – Die ganze Wahrheit erkennen – Löwenzahnblüte*
·10· *Flügelschlag – Neue Impulse kommen – Weinspross*
·17· *Abschirmung – Stärke und Schönheit vereint – Sonnenhutblüte*
·25· *Durchsetzungskraft – Seinen Raum einnehmen – Wasserminze*
·36· *Gleichgewicht – Der Weg auf Messers Schneide – Ginkgoblätter*
·49· *Durchhaltevermögen – Reserven sind auf Abruf verfügbar – Eisminze*

Tor der Werte

·5· *Verbindung – Neue Räume erschaffen – Weidenspross*
·12· *Selbsterinnerung – Den Schöpfer in sich selbst finden– Vergissmeinnicht*
·16· *Urthema – Dinge ins Reine bringen – Kalmus*
·28· *Wiedergeburt – Die Kreise schließen sich – Schwertlilie*
·33· *Grenzgebiet – Der Spalt zwischen den Welten – Alter Holunderstamm*
·40· *Gravitation – Die Frucht will Saat werden – Holunderbeeren*
·54· *Endlichkeit – Die Auflösung vor der Neugeburt – Schwarzpappel*

Zuordnung nach Jahreszeiten

Frühling

1. Überraschung – Das Geheimnis des Werdens – Mohnknospe
2. Grenzwertigkeit – Das Maß ist voll – Angelikaknospe
3. Weisheit – Das luftige Wesen entdecken – Schlehdorn
4. Kraftquelle – Die ganze Wahrheit erkennen – Löwenzahnblüte
5. Verbindung – Neue Räume erschaffen – Weidenspross
6. Entschlossenheit – Die Frucht wird reifen – Walnussblüte
7. Hoffnung – Das Ziel wird erreicht werden – Rosenknospe
8. Wendezeit – Aus der Dunkelheit zum Licht – Immergrün
9. Neuanfang – Offenbarung der Chancen – Lärchenblüte
10. Flügelschlag – Neue Impulse kommen – Weinspross
11. Initiation – Die ganze Wahrheit erkennen – Junger Tannenzapfen
12. Selbsterinnerung – Den Schöpfer in sich selbst finden – Vergissmeinnicht
13. Wandlungen – Sich dem Zyklus hingeben – Frauenmantel
14. Schutzkraft – Am rechten Ort zur rechten Zeit – Rotblättrige Haselnuss

Sommer

15. Zauber – Die magische Überfülle – Kletterrose
16. Urthema – Dinge ins Reine bringen – Kalmus
17. Abschirmung – Stärke und Schönheit vereint – Sonnenhutblüte
18. Tiefgang – Die Sonnenkraft mitnehmen – Alantknospe
19. Narrenfreiheit – Neue Blickwinkel erkunden – Gierschblüte
20. Scheitelpunkt – Hochzeit des Lichts – Mohnblüte
21. Konzentration – Bewegung aus der Ruhe – Spitzwegerichblüte
22. Enthüllung – Das Ziel anvisieren und Fülle wahrnehmen – Zwiebelblüte
23. Zuwendung – Eine hilfreiche Hand ausstrecken – Melissenblüte
24. Ermutigung – Energie zum Fließen bringen – Johanniskrautblüten

·25· *Durchsetzungskraft – Seinen Raum einnehmen – Wasserminze*
·26· *Lichthunger – Über sich selbst hinauswachsen – Lavendelblüte*
·27· *Trance – Der entrückte Blick – Muskatellersalbeiblüte*
·28· *Wiedergeburt – Die Kreise schließen sich – Schwertlilie*

Herbst

·29· *Zersetzung – Helfer des Übergangs – Baumpilze*
·30· *Wegweiser – Übermittler der guten Botschaft – Eschensaat*
·31· *Brückenschlag – Zwischen Himmel und Erde – Weihrauchzeder*
·32· *Forderung – Auf die Probe gestellt – Lebensbaum*
·33· *Grenzgebiet – Der Spalt zwischen den Welten – Alter Holunderstamm*
·34· *Geschlechtlichkeit – Verbindung von Himmel und Erde – Rohrkolben*
·35· *Verheißung – Erotik und Fruchtbarkeit – Irissaatkapsel*
·36· *Gleichgewicht – Der Weg auf Messers Schneide – Ginkgoblätter*
·37· *Wahnsinn – Dem Pan in die Augen schauen – Bilsenkraut*
·38· *Energiereserven – Die eigenen Kapazitäten nutzen – Zaubernuss*
·39· *Geduld – Erlösung kommt zur rechten Zeit – Stechpalmenfrucht*
·40· *Gravitation – Die Frucht will Saat werden – Holunderbeeren*
·41· *Zeitzeuge – Auf das Wesen der Dinge schauen – Moose*
·42· *Lichtbringer – Wissen und Erkenntnis verbreiten – Zunderschwamm*

Winter

·43· *Aushalten – Sich nicht unterdrücken lassen – Efeu*
·44· *Führung – Von der Wiege bis zur Bahre – Froschlöffelwurzel*
·45· *Motivation – Der tiefere Sinn wird offenbart – Zaubernussblüte*
·46· *Lebenselixier – Erwecke den inneren Heiler – Fenchelsaat*
·47· *Entscheidung – Im Anderen leben – Kirschbaumknospen*
·48· *Anker – In Beziehung und Verbindung stehen – Herbstanemonensaat*

·49· *Durchhaltevermögen – Reserven sind auf Abruf verfügbar – Eisminze*

·50· *Bestimmung – Den großen Zusammenhang erfahren – Tannenzapfen*

·51· *Schwellenbewusstsein – Das Tor zur anderen Wirklichkeit – Mistelfrucht*

·52· *Haltung – Den inneren Tempel öffnen – Alant*

·53· *Ordnung – Transparenz als höchstes Gebot – Ysop*

·54· *Endlichkeit – Die Auflösung vor der Neugeburt – Schwarzpappel*

·55· *Neugierde – Der hoffnungsvolle Lebensimpuls – Tannenspitze*

·56· *Aufbruch – Pioniere des Lebens – Trompetenflechte*

Der Autor

Thomas Kinkele ist seit Mitte der 1970er-Jahre mit den Kräften verbunden, die in der Erscheinung der Pflanzenwelt ihren Ausdruck finden. Auf verschiedenste Weise hat er dieses Feld in den vergangenen Jahrzehnten bearbeitet und in Tremsbüttel (nördlich von Hamburg) eine existenzielle Grundlage geschaffen, die heute ein familiäres Zentrum für vier Generationen bildet. Der Krafthof mit Zaubergarten, auf dem gelebt, Räucherwerk hergestellt und verschiedenste Aktivitäten rund um das Thema Pflanze, Duft und Heilung veranstaltet werden, überrascht Besucher mit ganz besonderen Plätzen und Erfahrungen in naturnaher Atmosphäre. Hier ist auch die Quelle der Kreativität für seine Bücher zu finden und an diesem Ort gibt er gerne sein Wissen weiter.

In Tremsbüttel werden Vorträge und Workshops zu Pflanzen- und Duftthemen angeboten und seit 2006 finden auch regelmäßig Ausbildungszyklen statt.

Info für Räucherprodukte: www.floraperpetua.de

Info für spirituelle Duftarbeit: www.ennearom.de

Thomas Kinkele
Dorfplatz 2
22967 Tremsbüttel
Tel.: 04532-27100
info@floraperpetua.de

Im Kontakt mit dem Mädesüß:

„Verströme dich und vertraue der Fülle“